ILLUSTRAZIONI:
LAURA LIVI

CONCEPT:
LAURA LIVI & CORRADO SESSELEGO

COLORATELO CON I FIORI! - TASCABILE! © 2019 BLUE MONKEY STUDIO
(PUBBLICATO TRAMITE LA LINEA EDITORIALE ZENITH BOOKS)

TUTTE LE ILLUSTRAZIONI © 2016-2019 BLUE MONKEY STUDIO

COLORATELO CON I FIORI!

Tascabile!

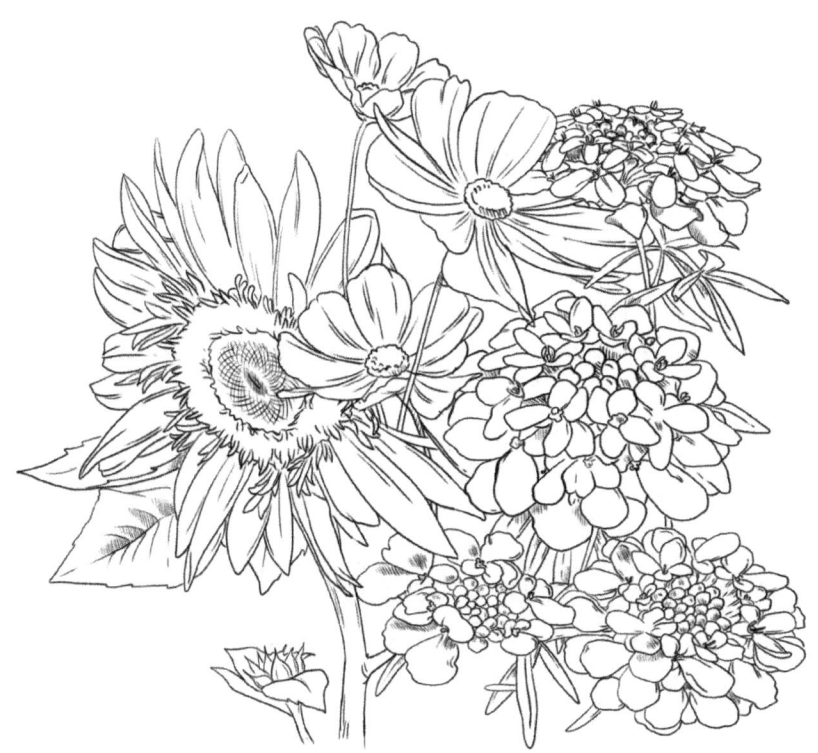

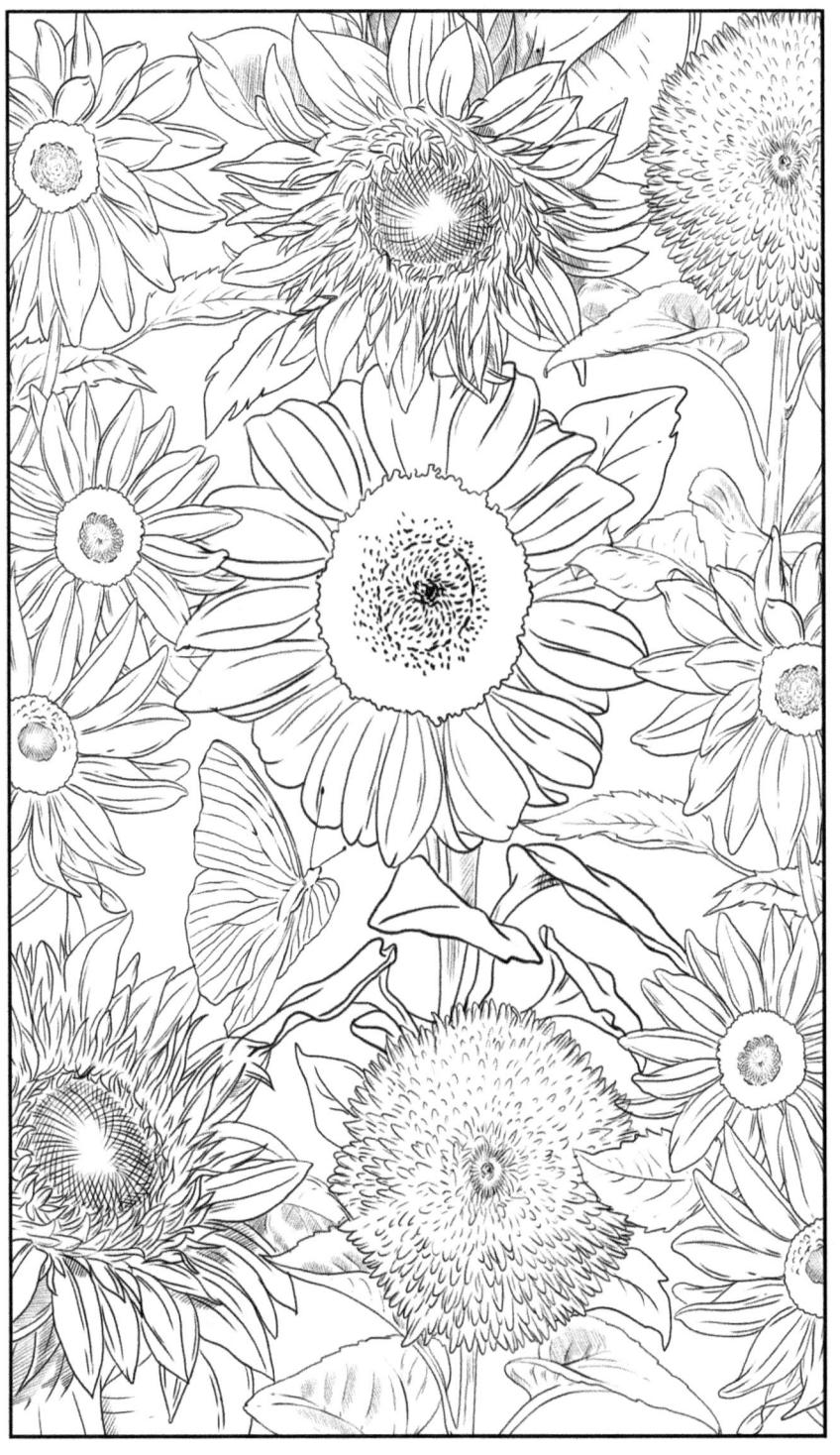

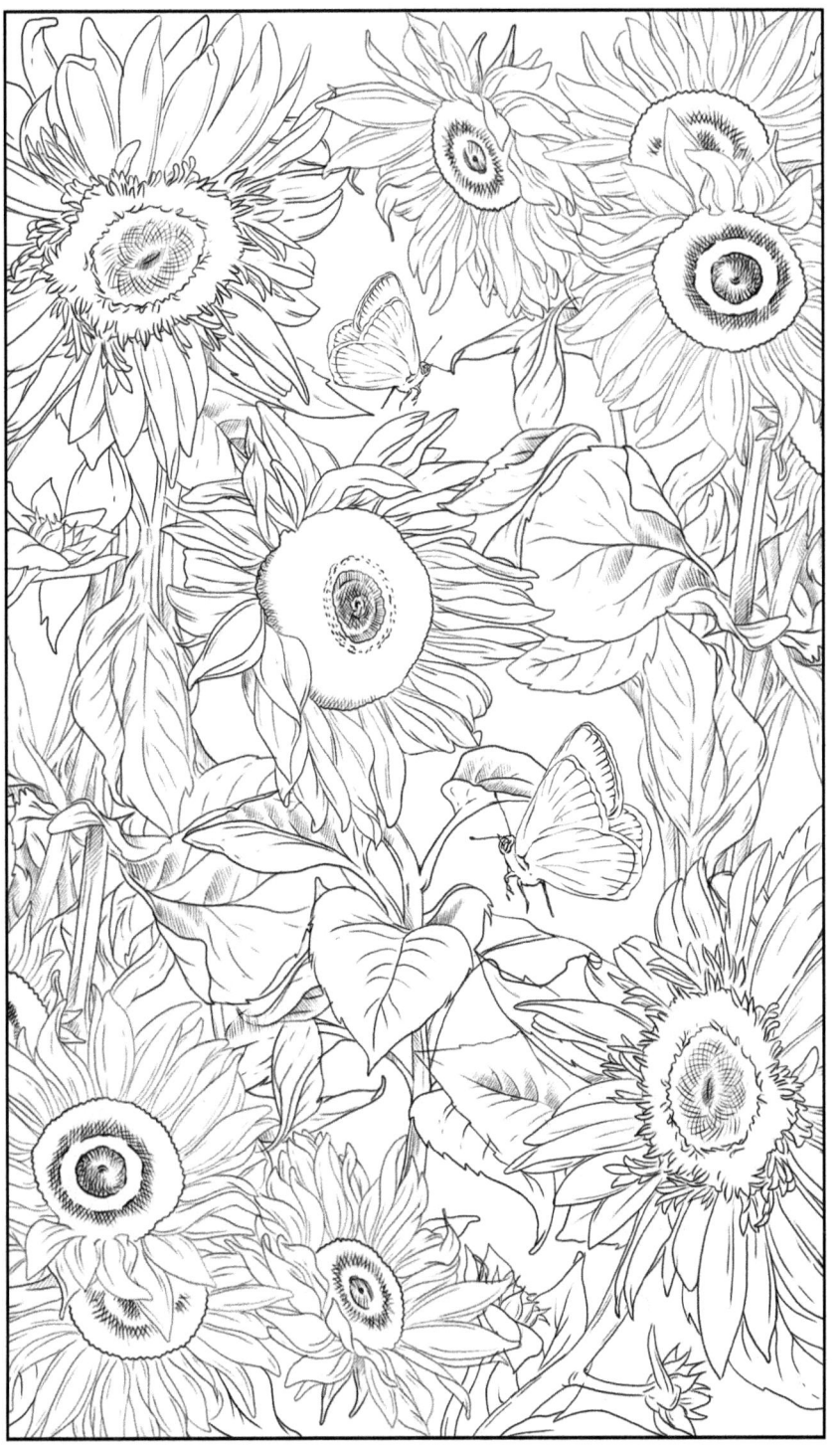

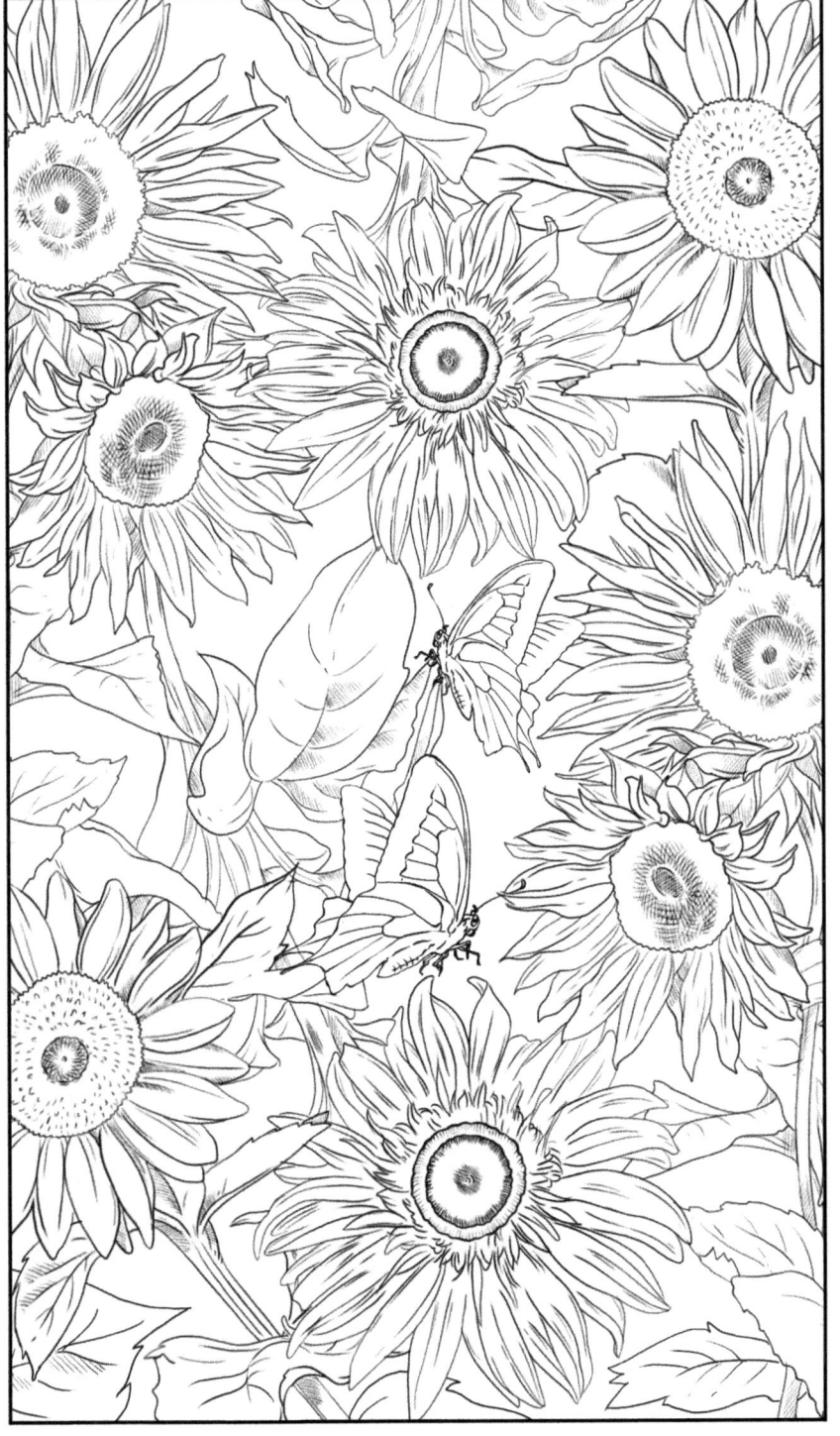

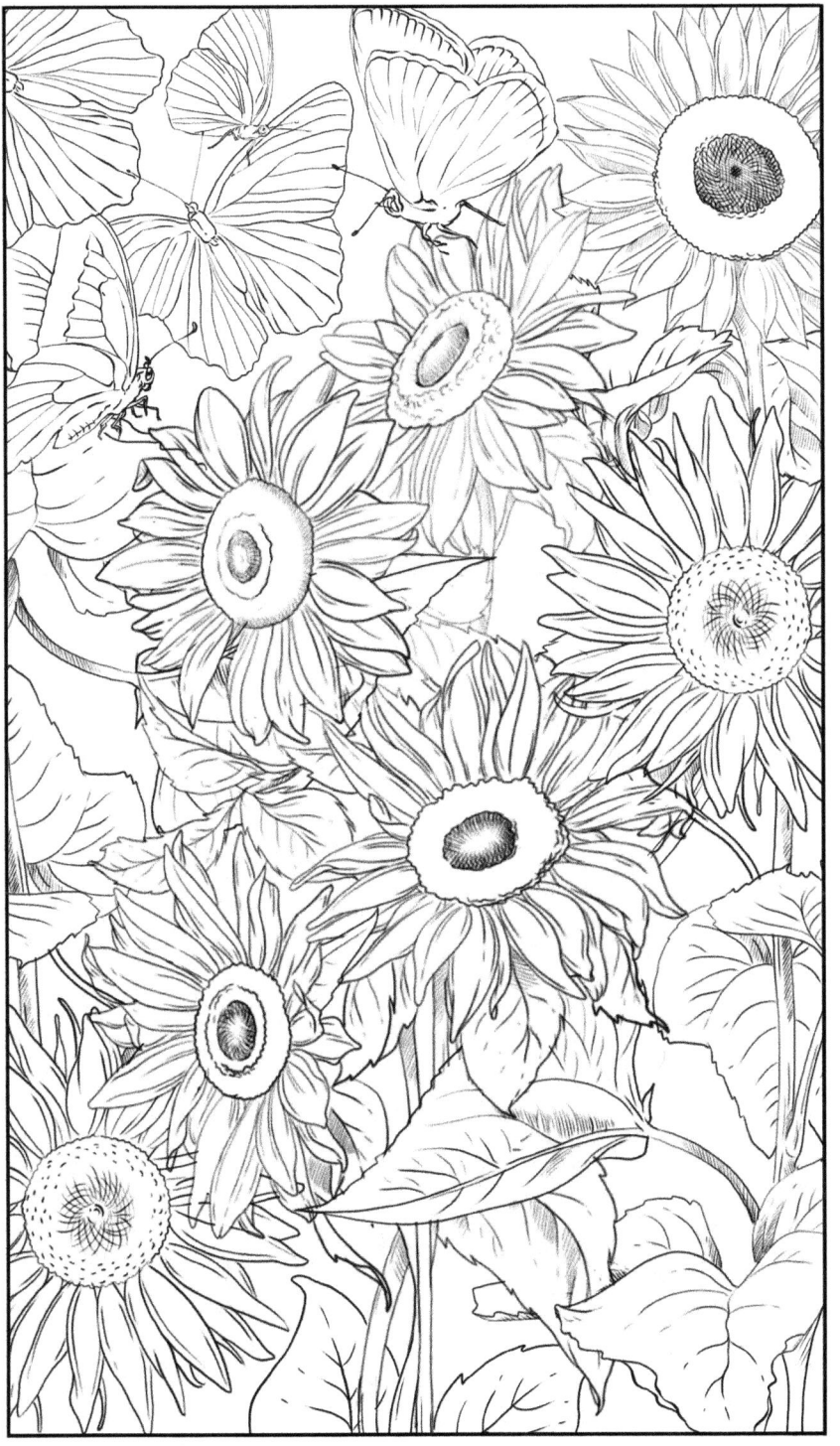

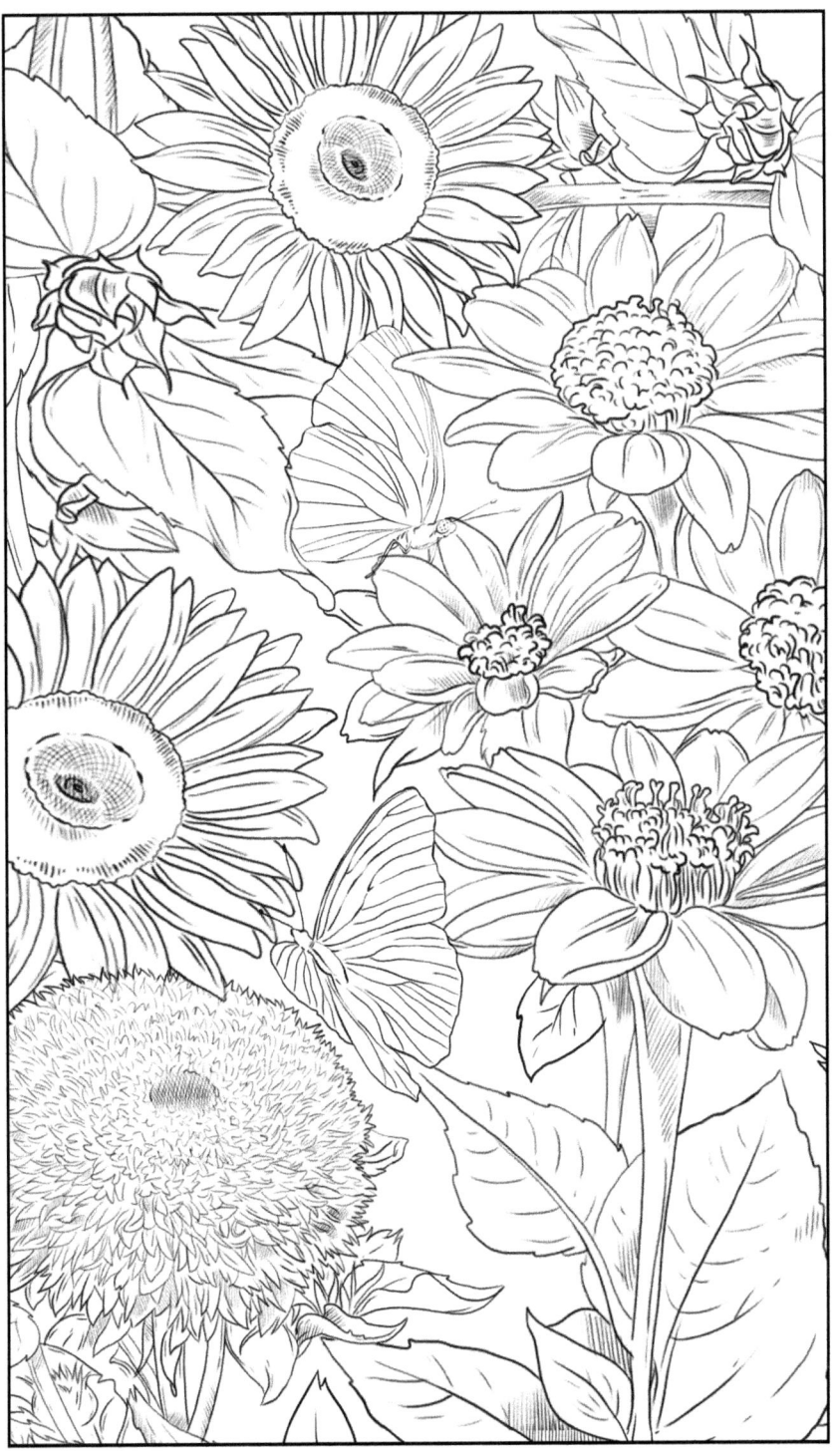

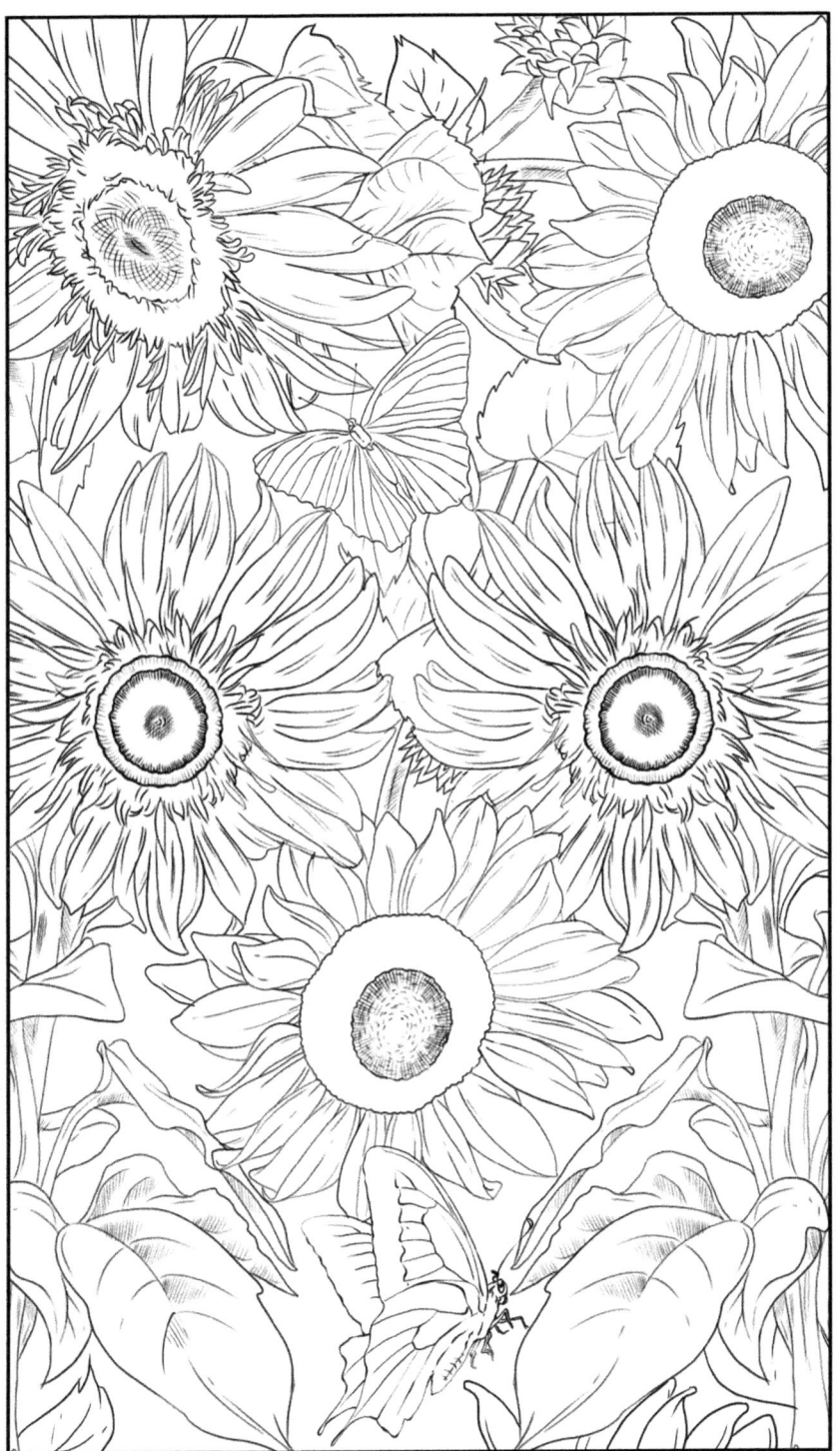

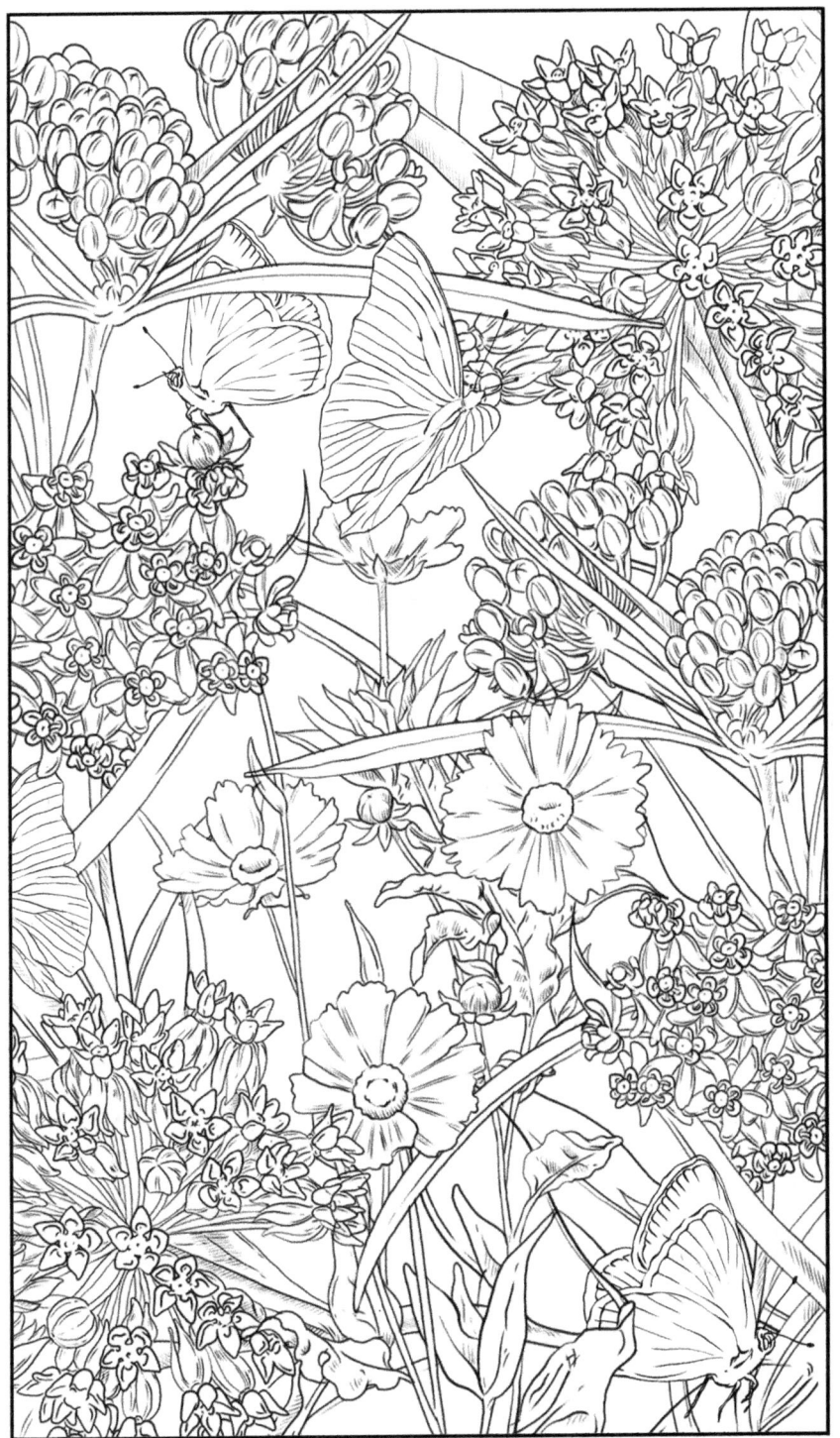

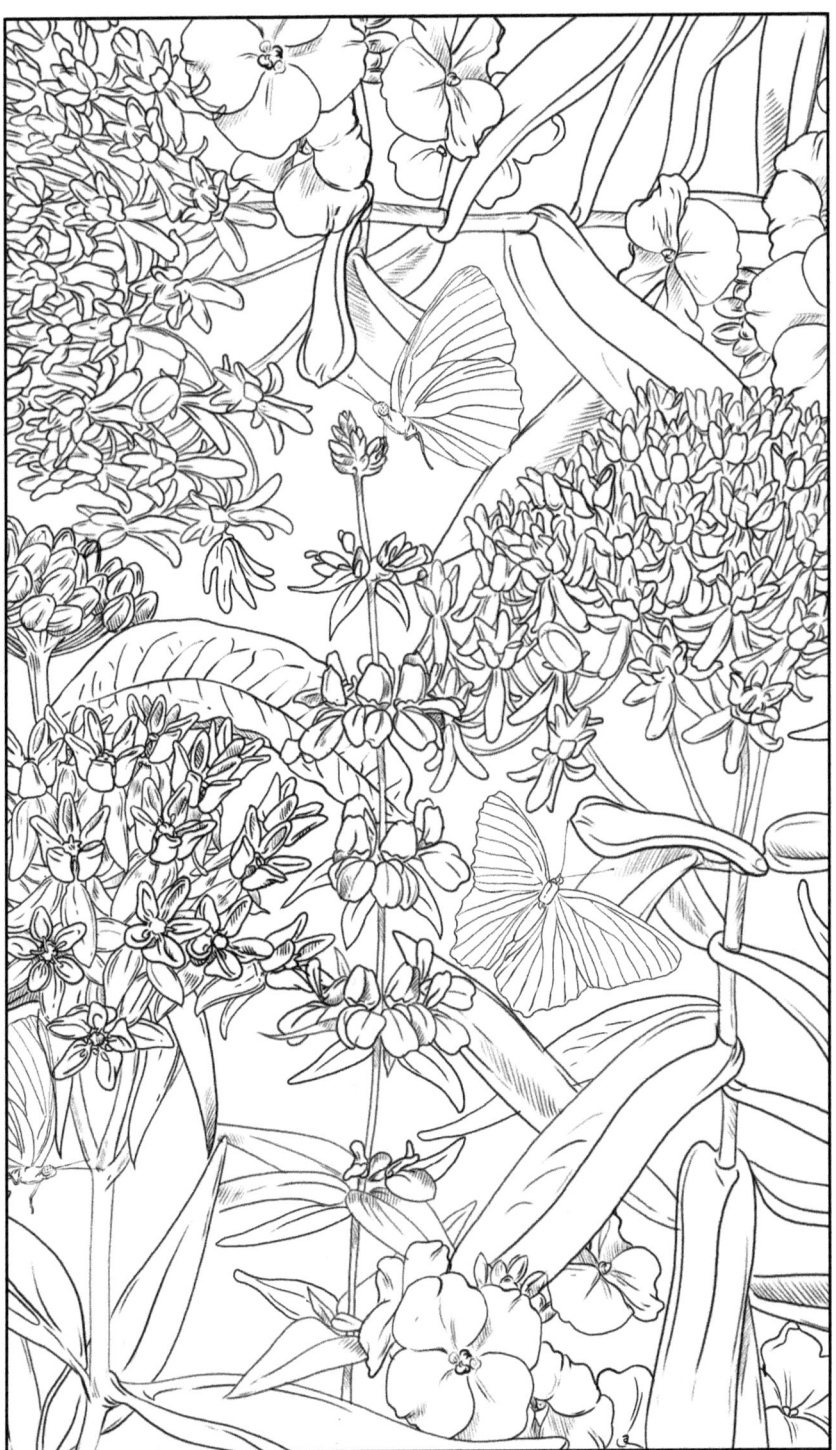

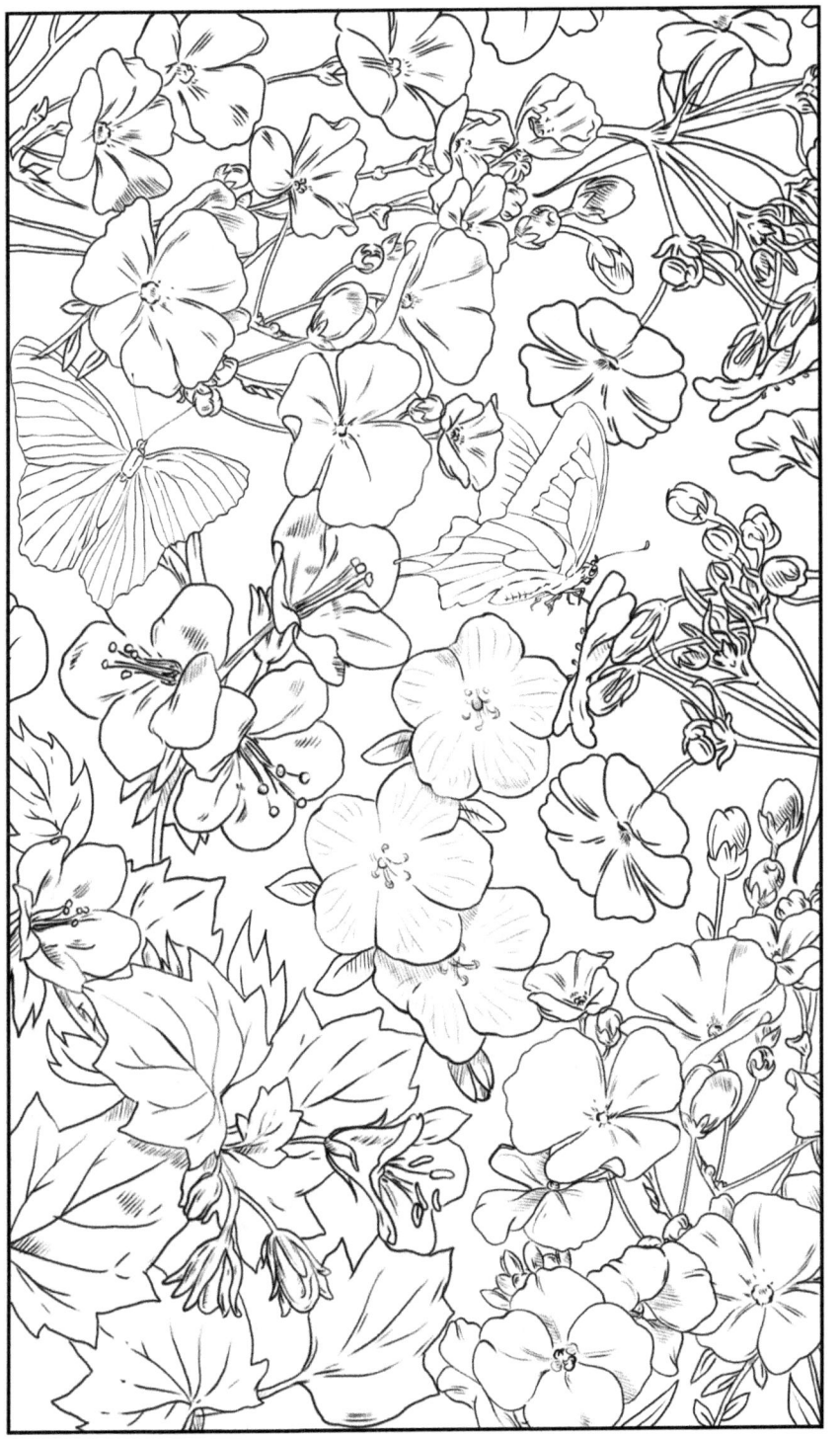

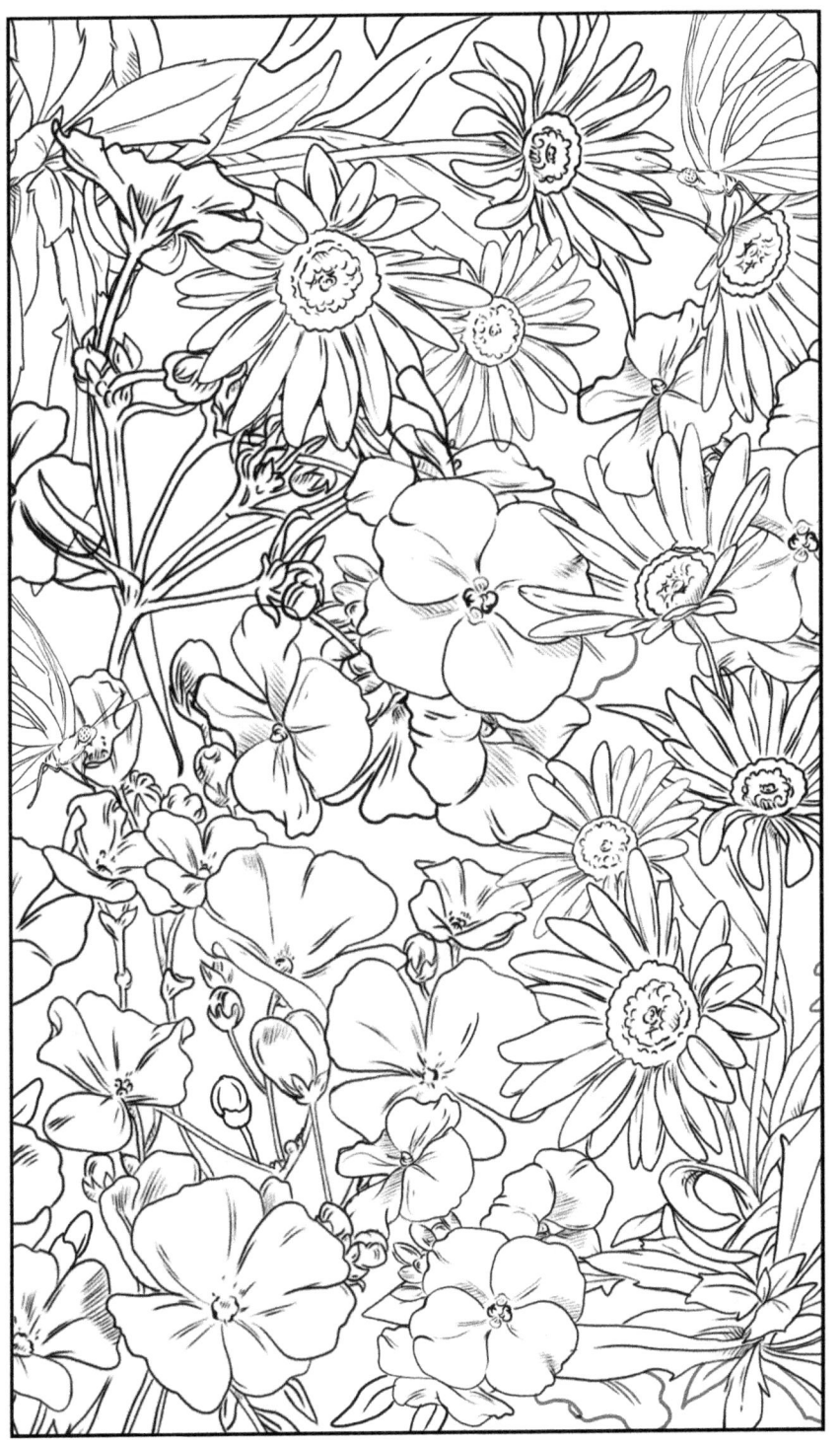

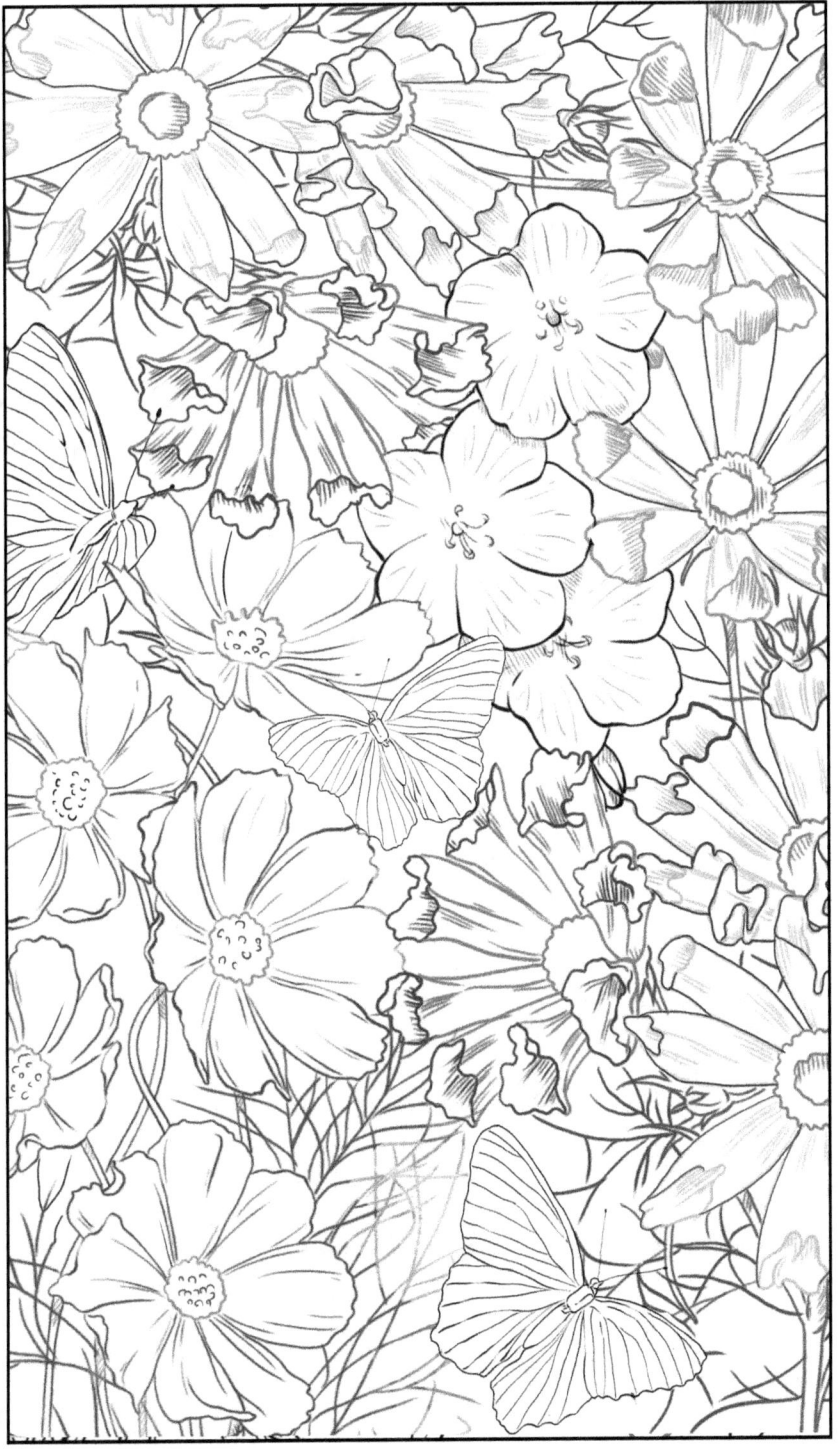

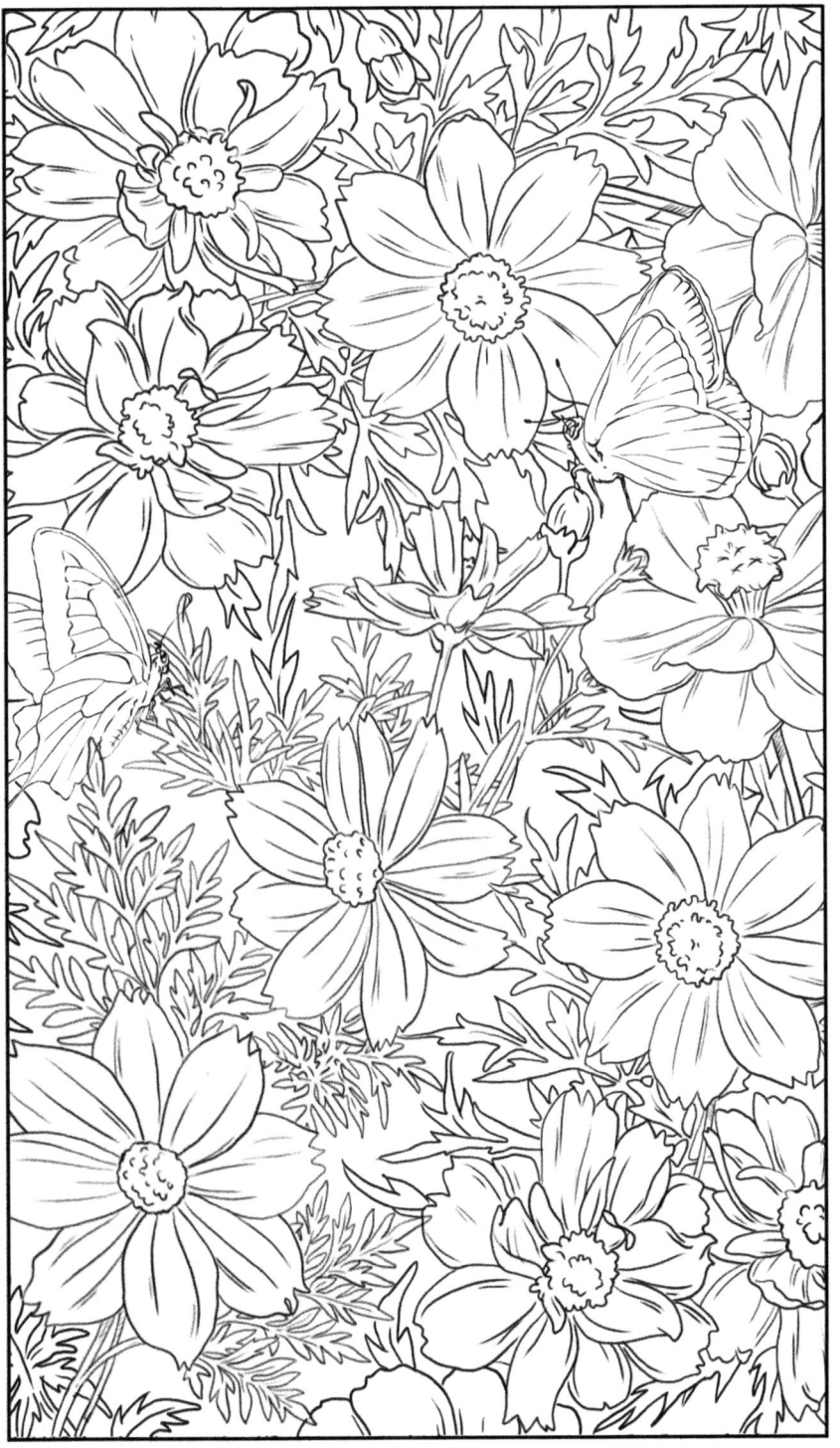

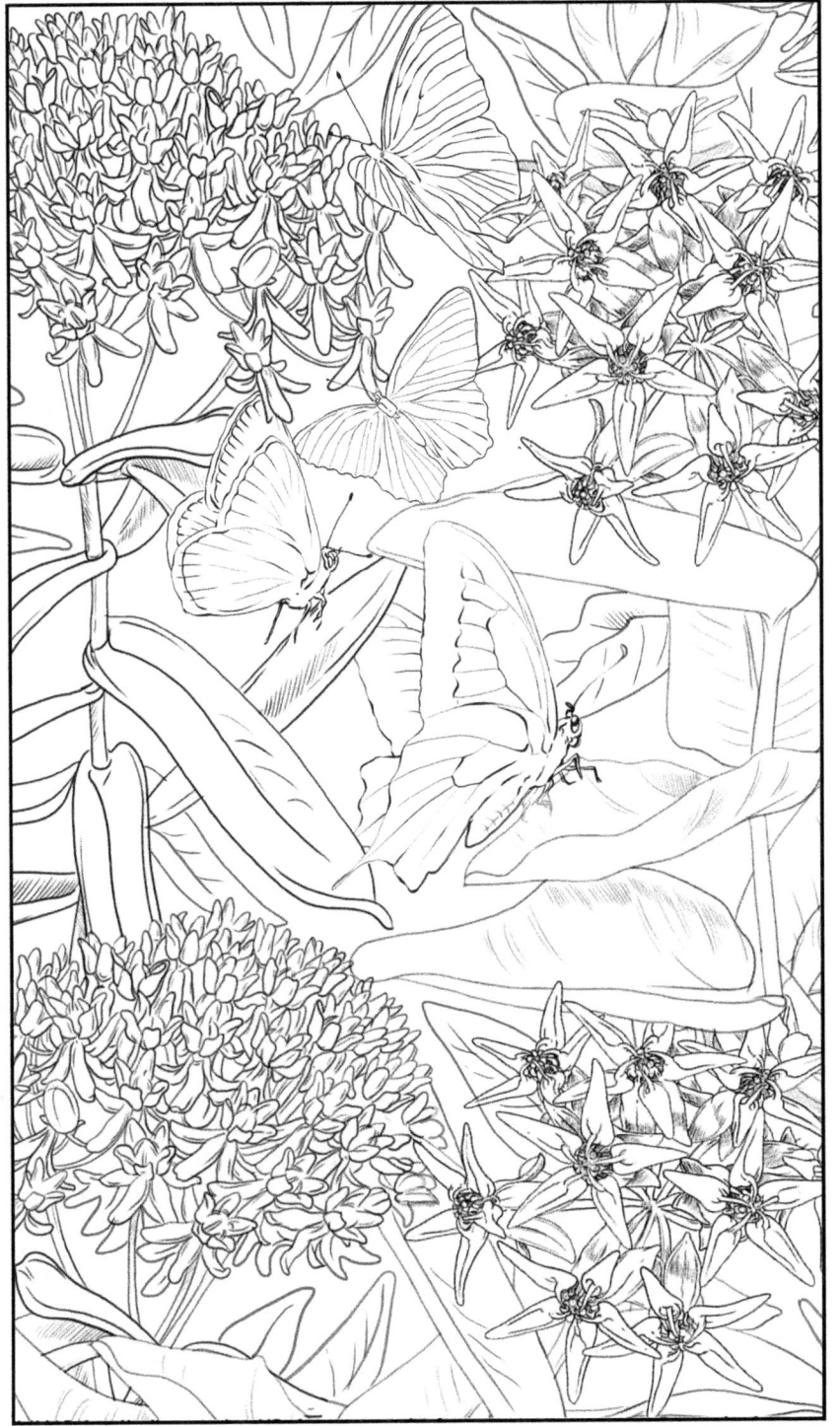

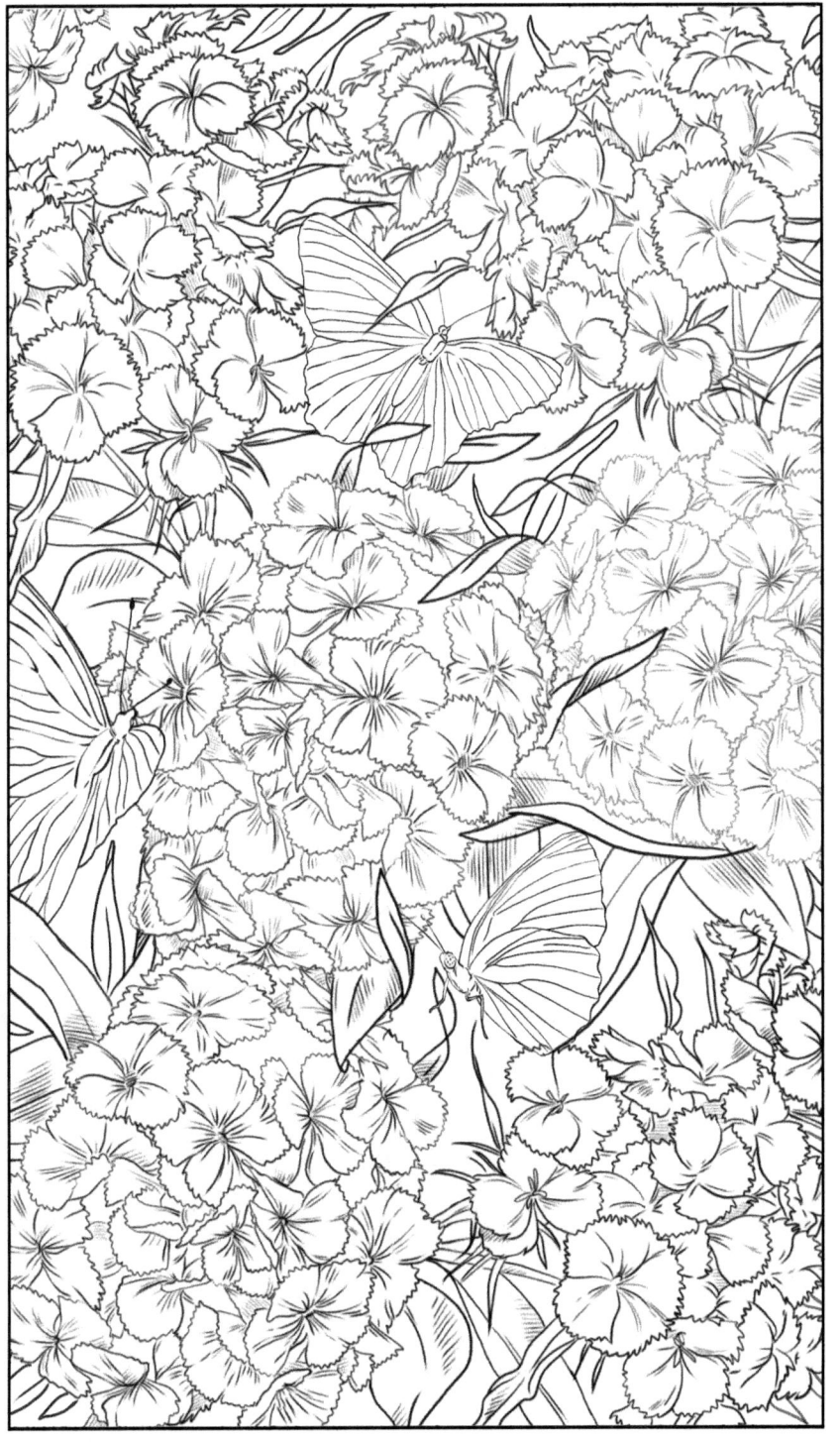

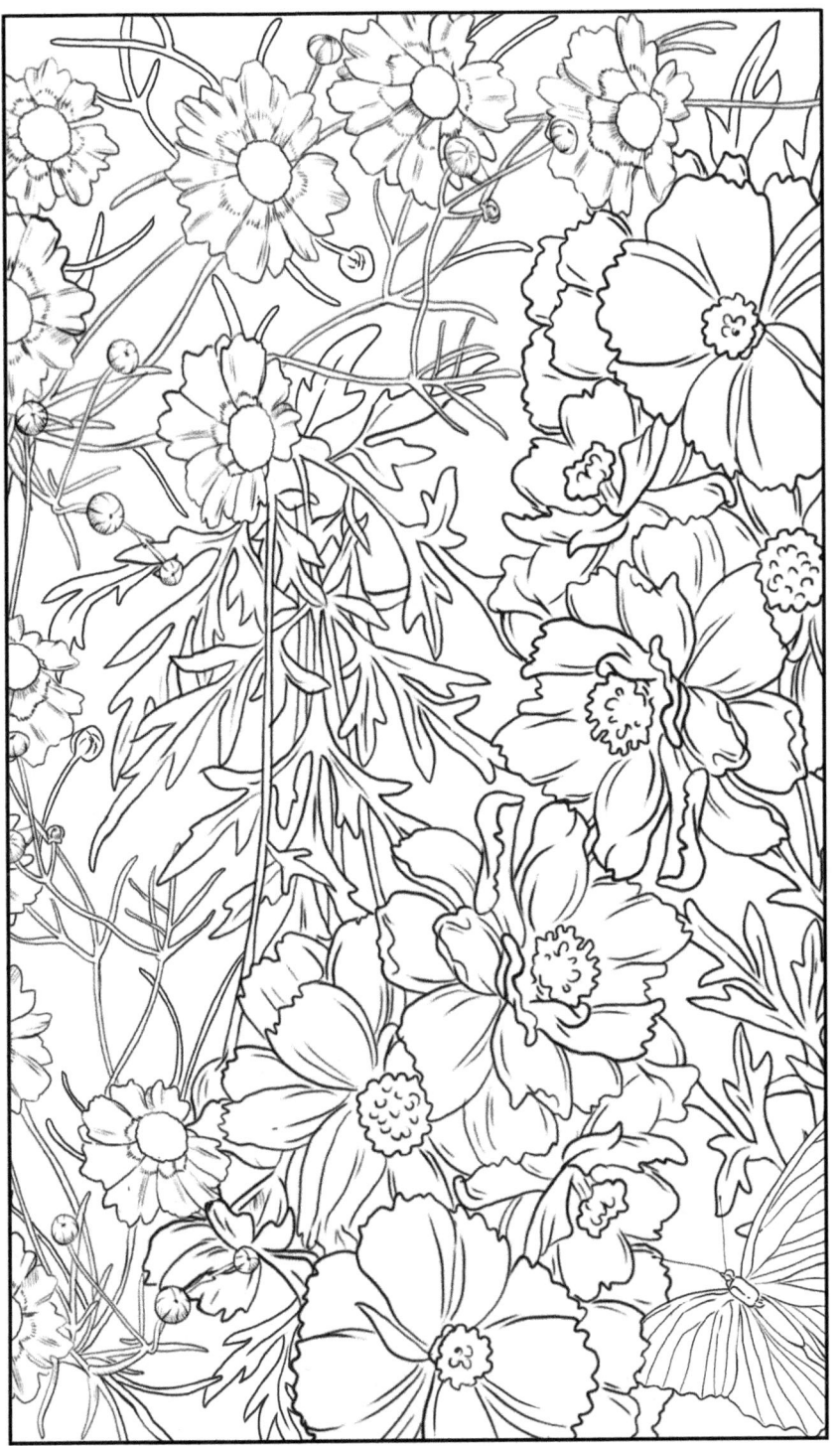

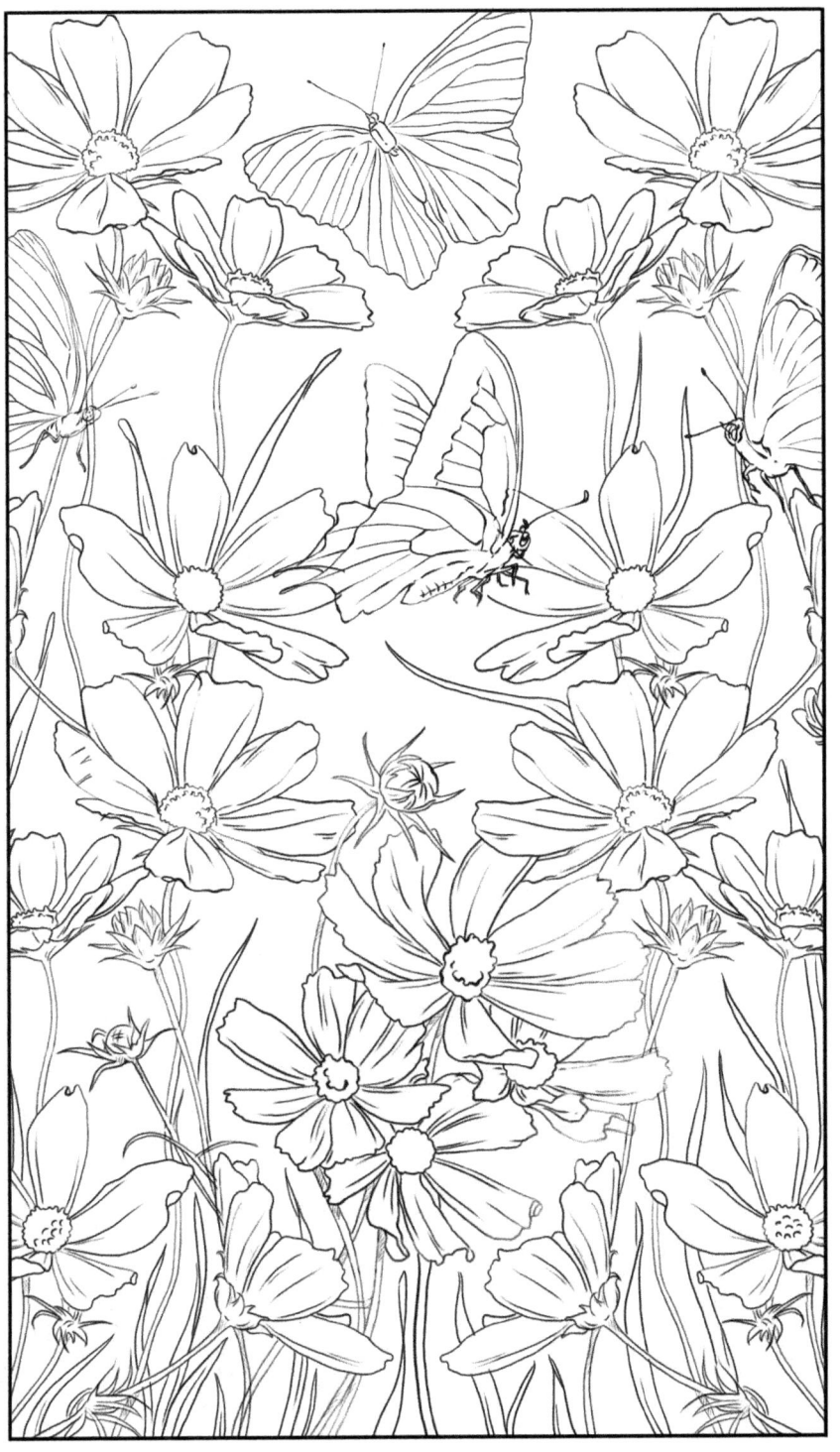

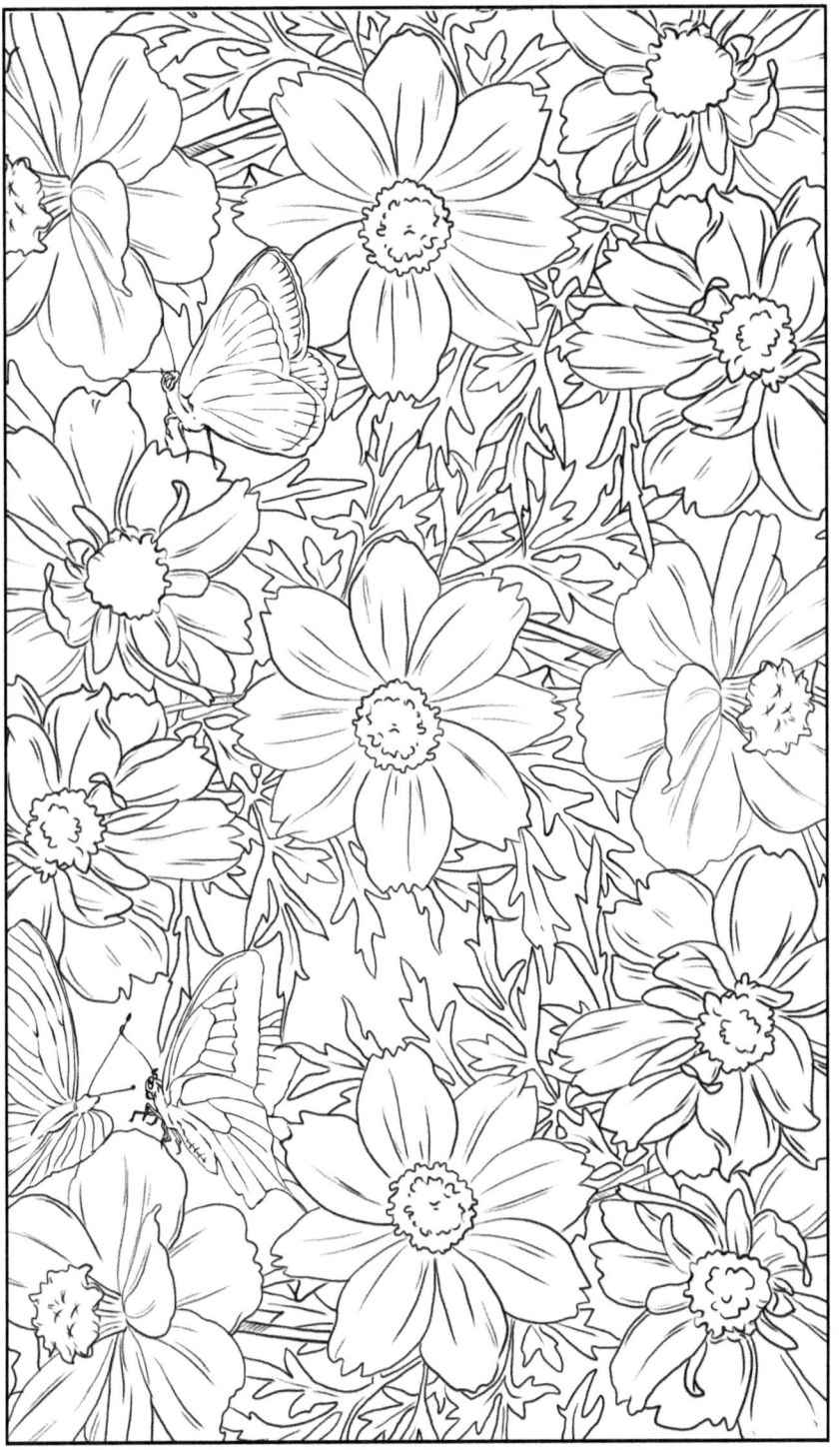

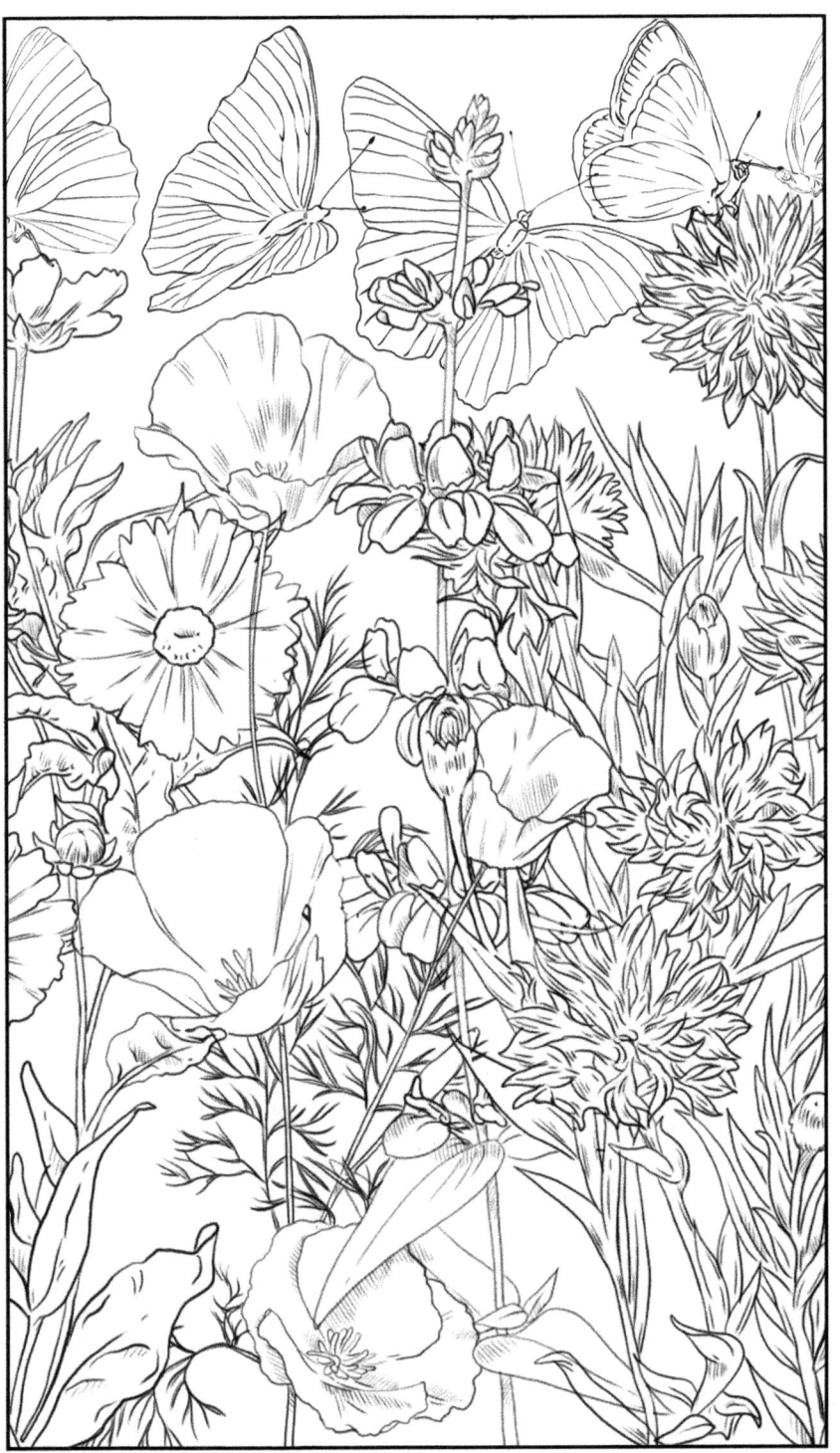

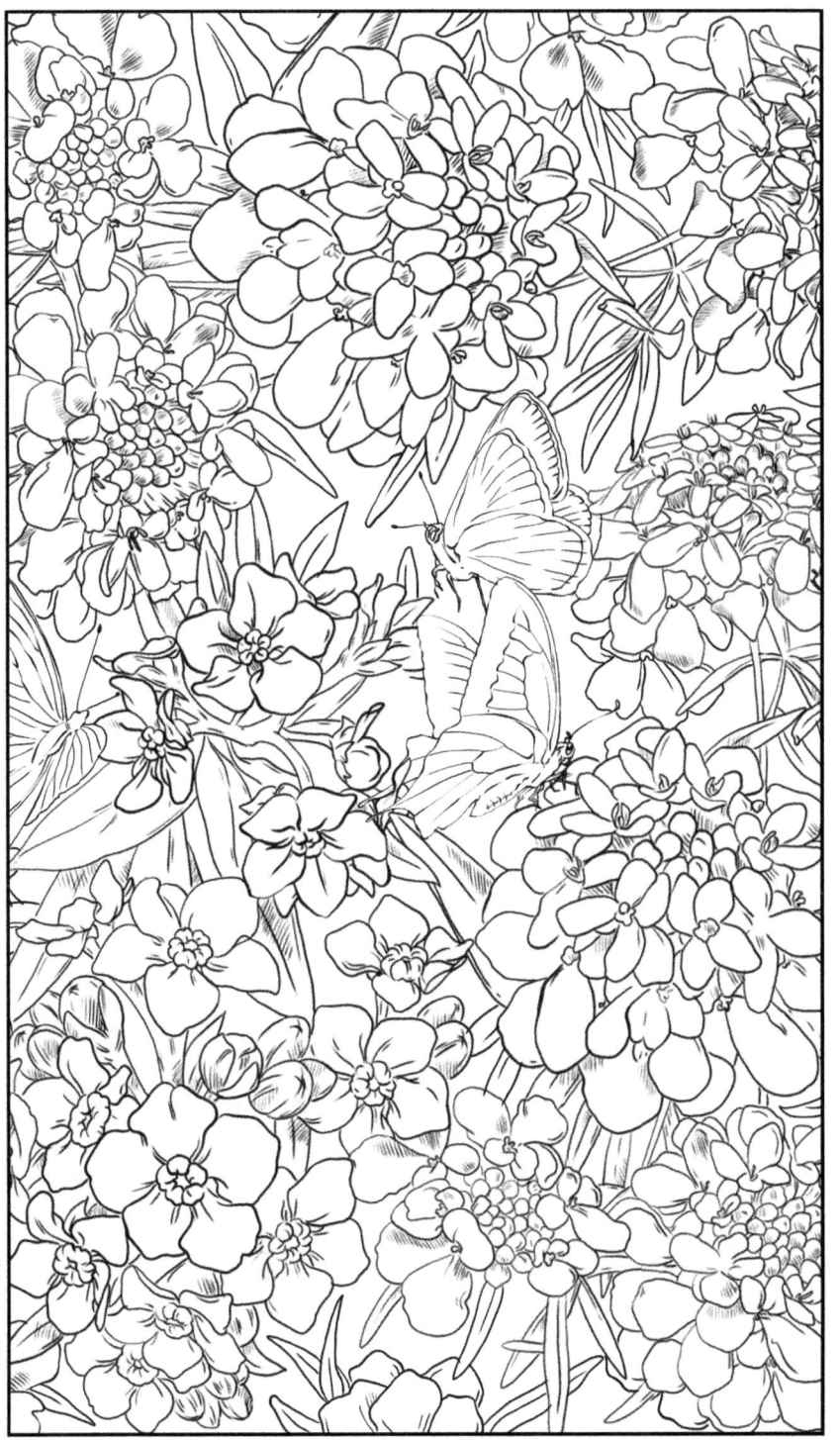

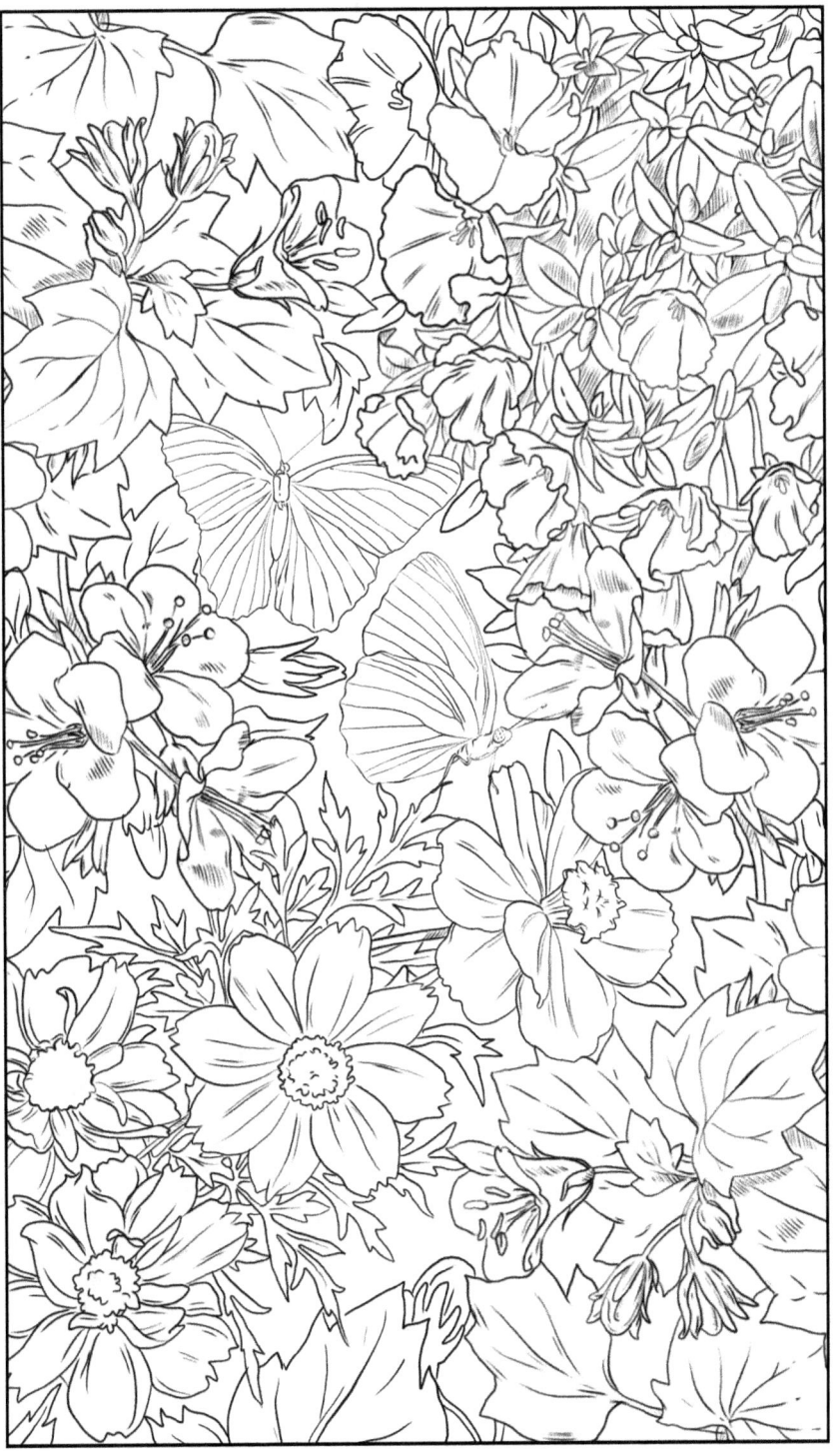

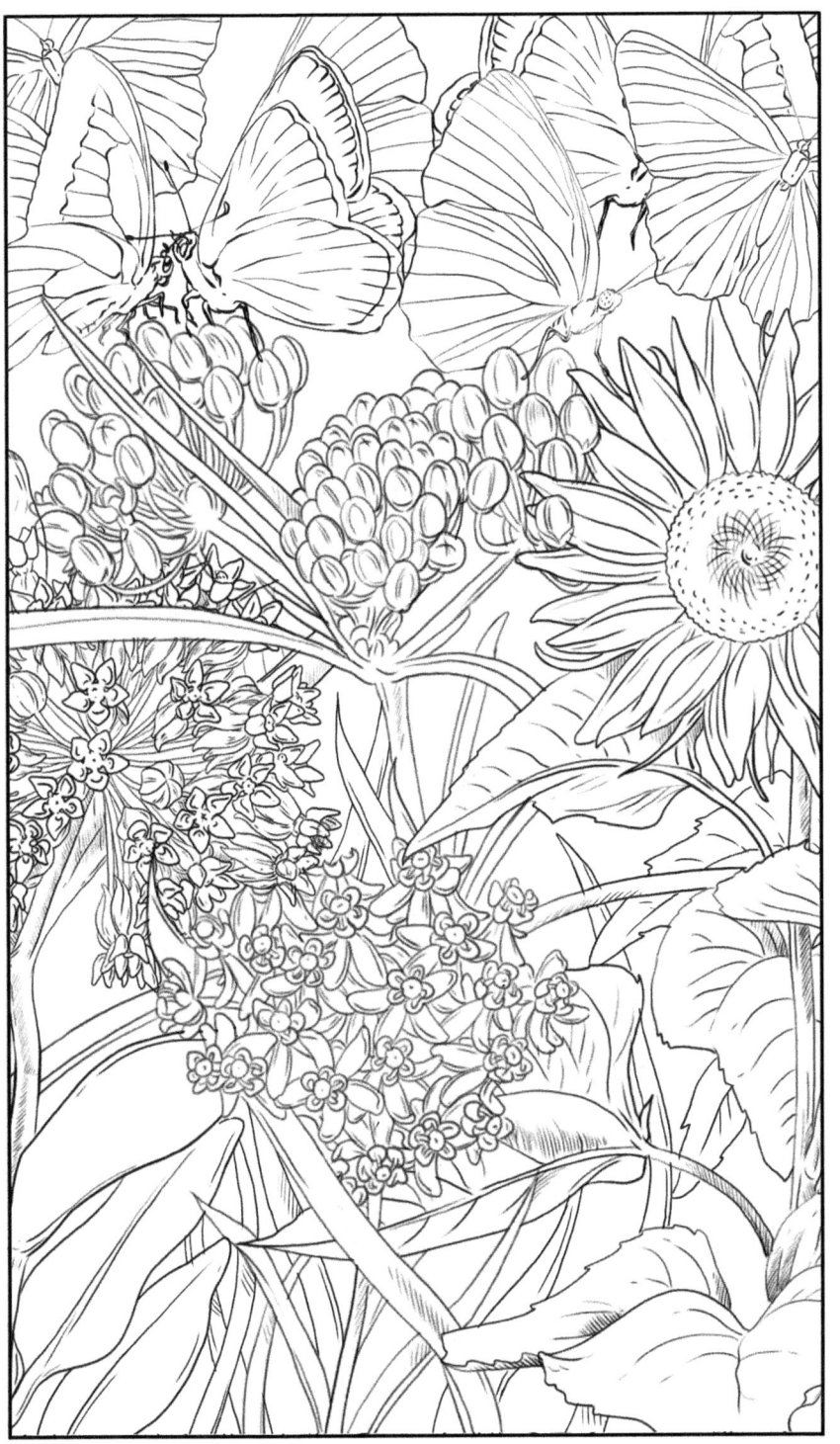

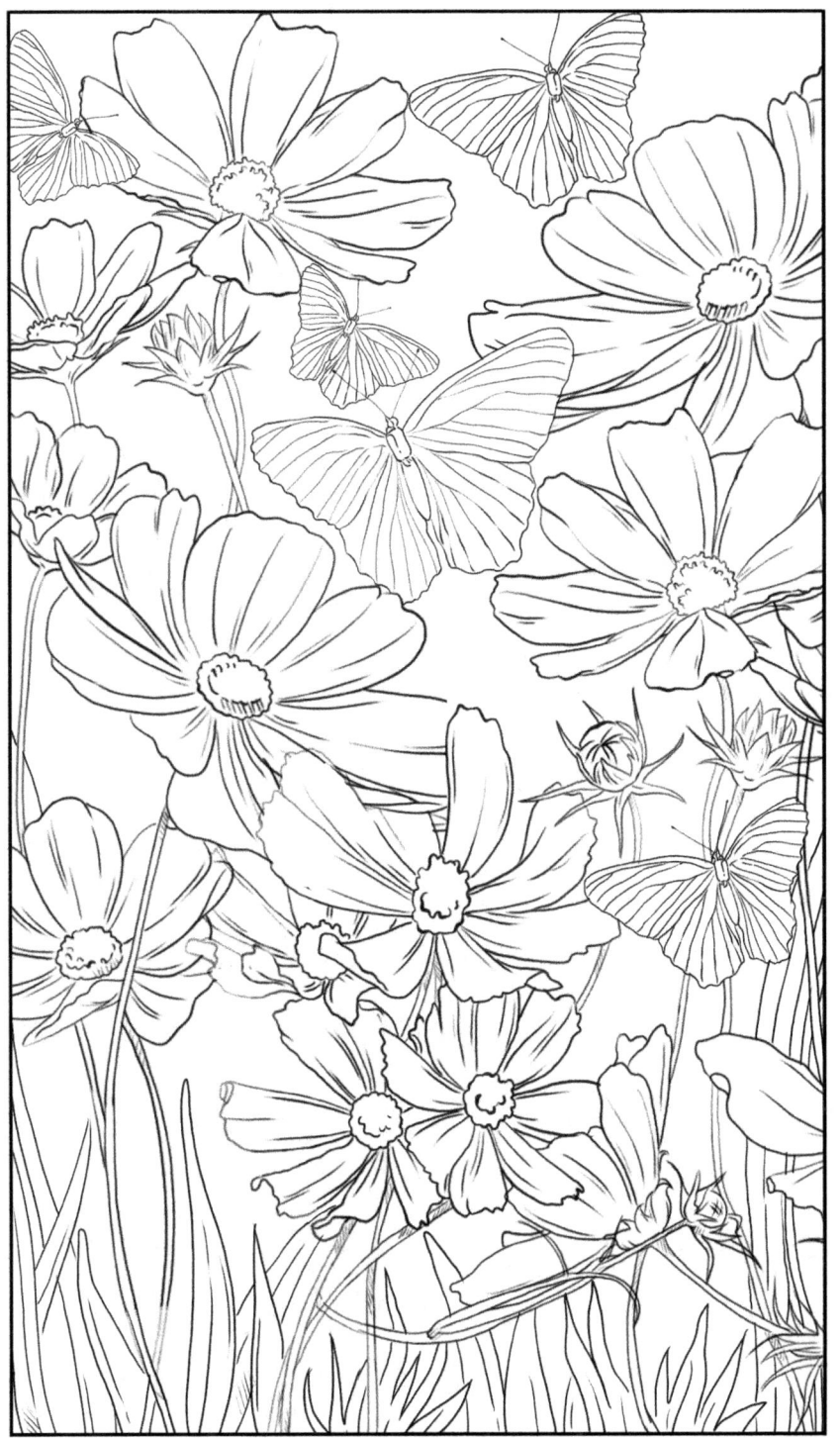

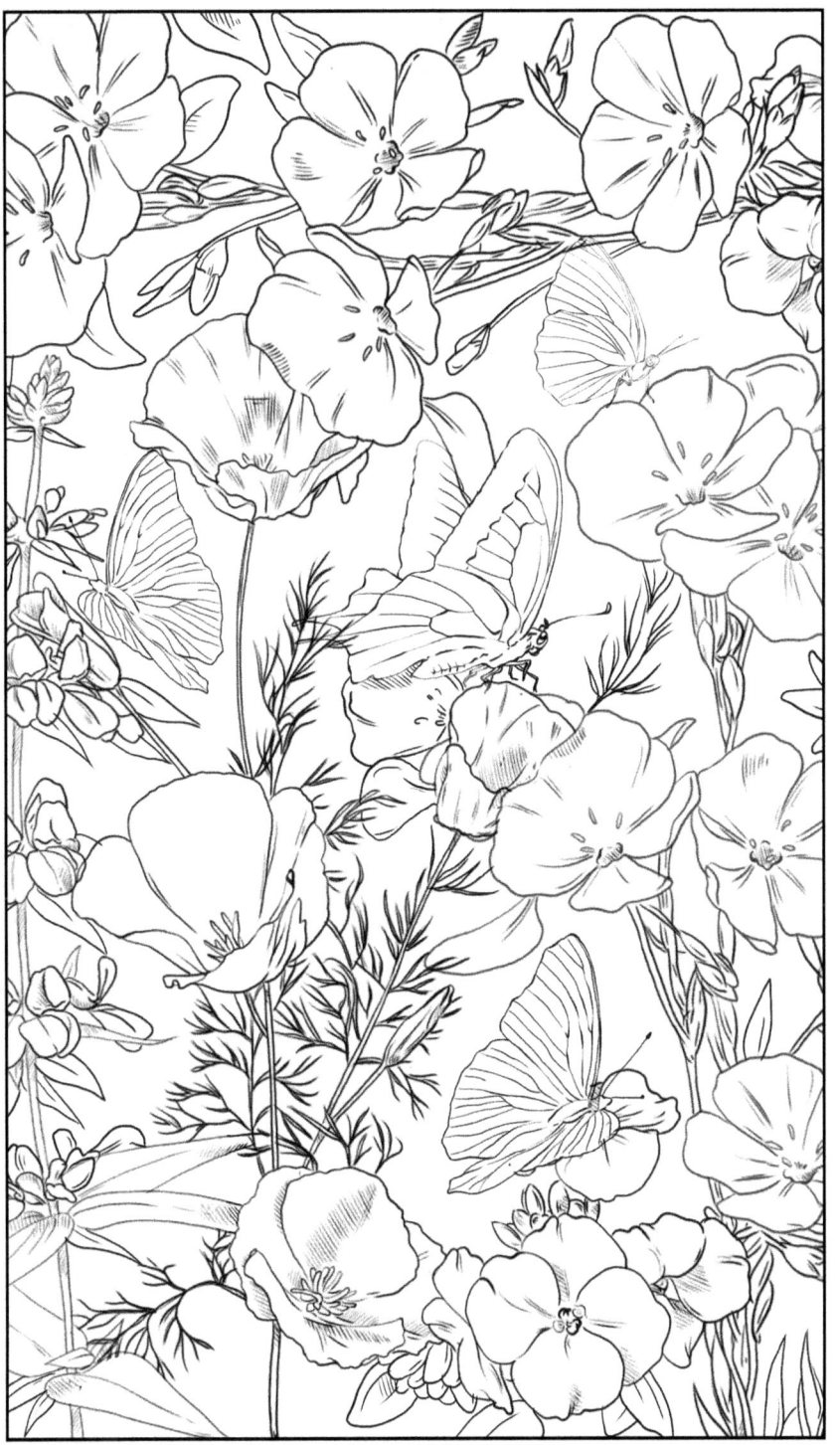

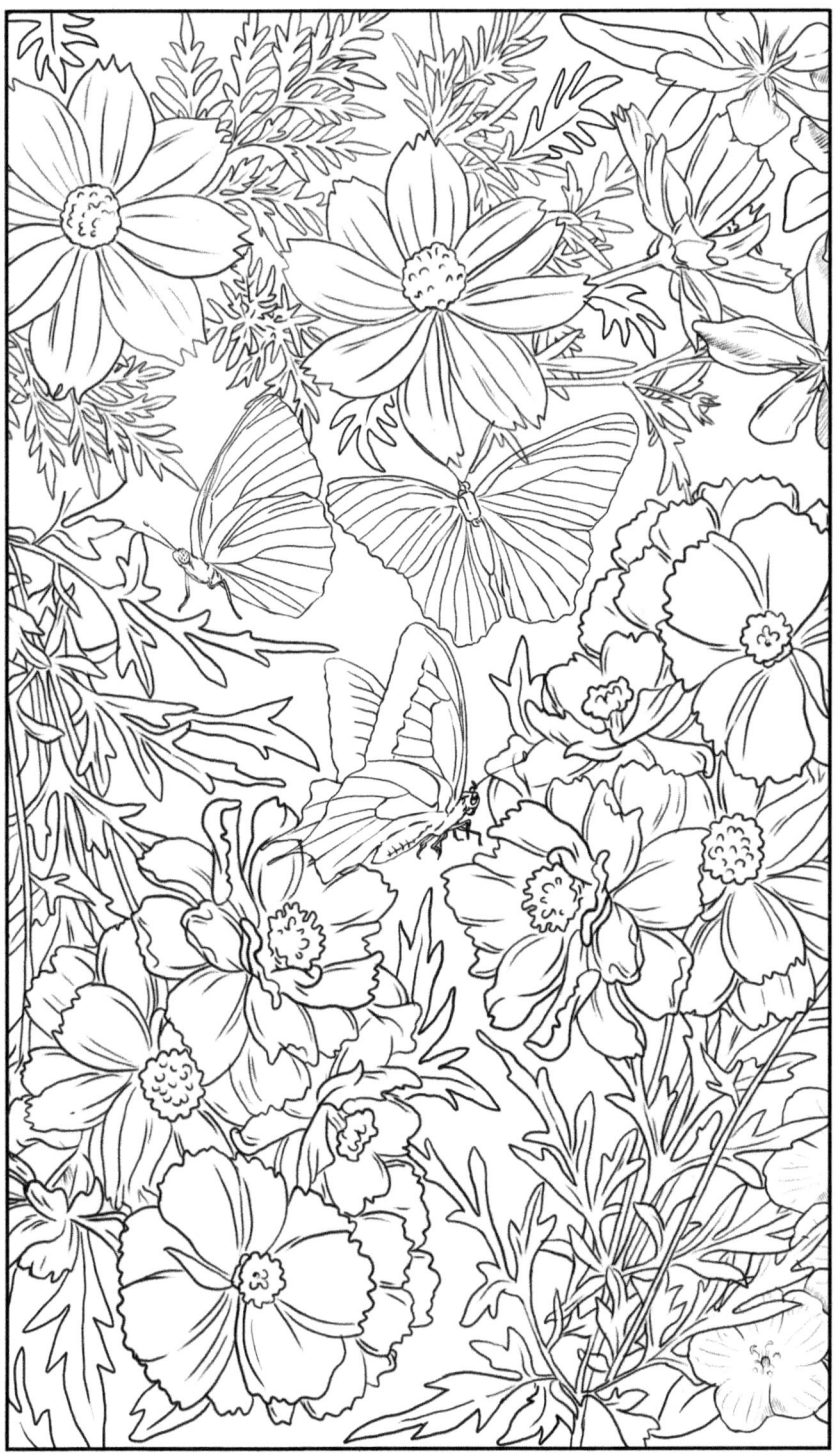

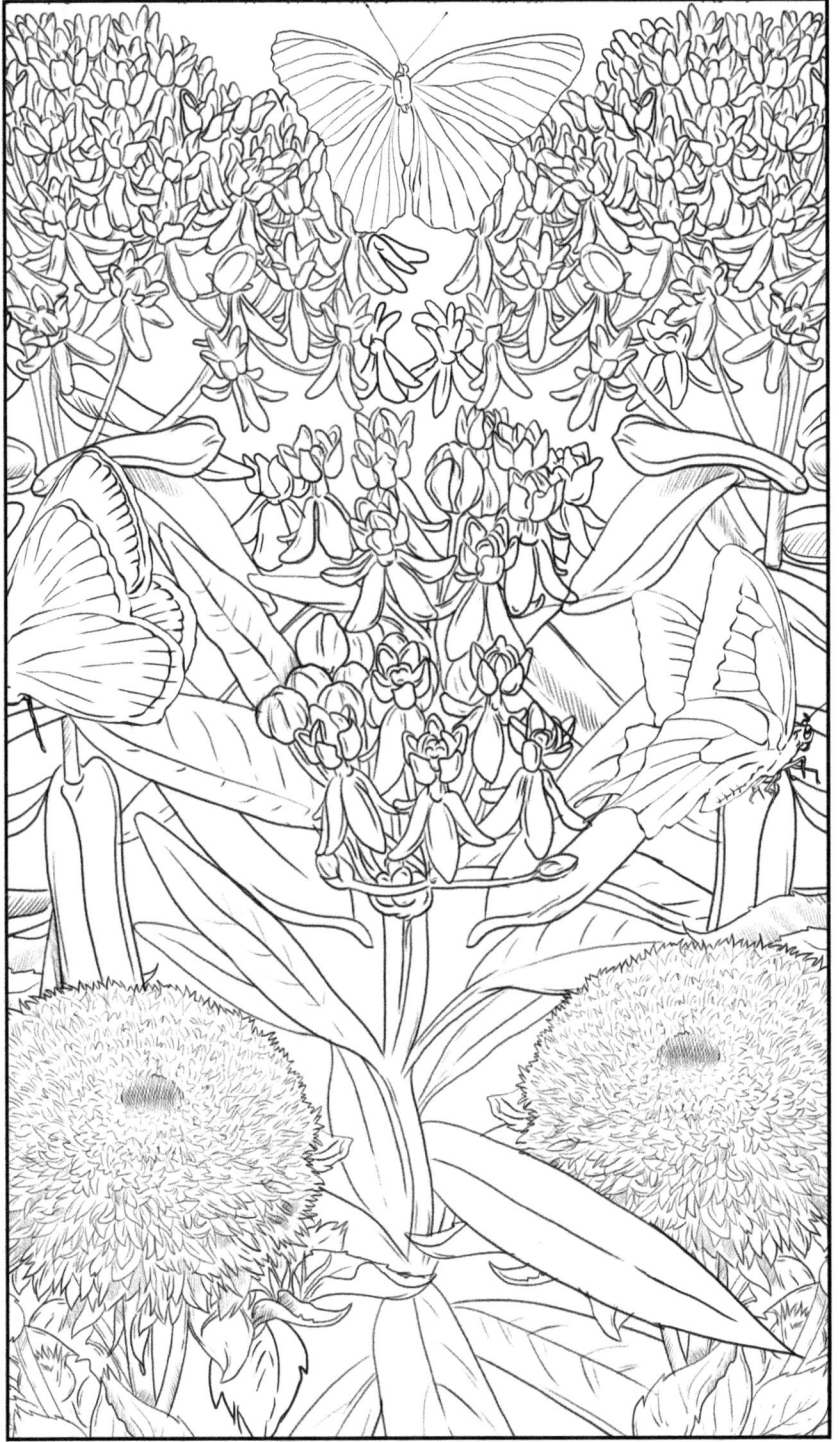

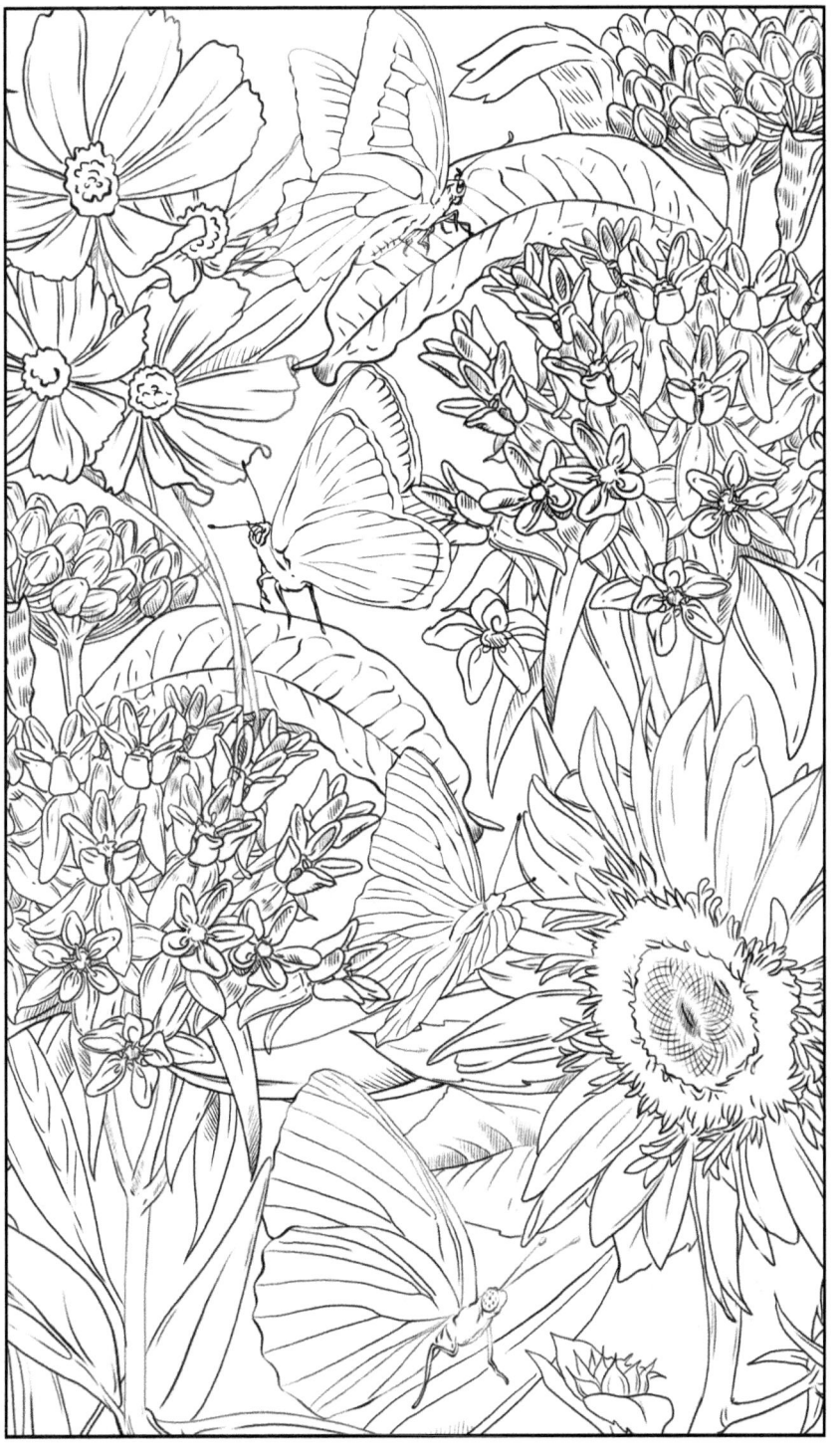

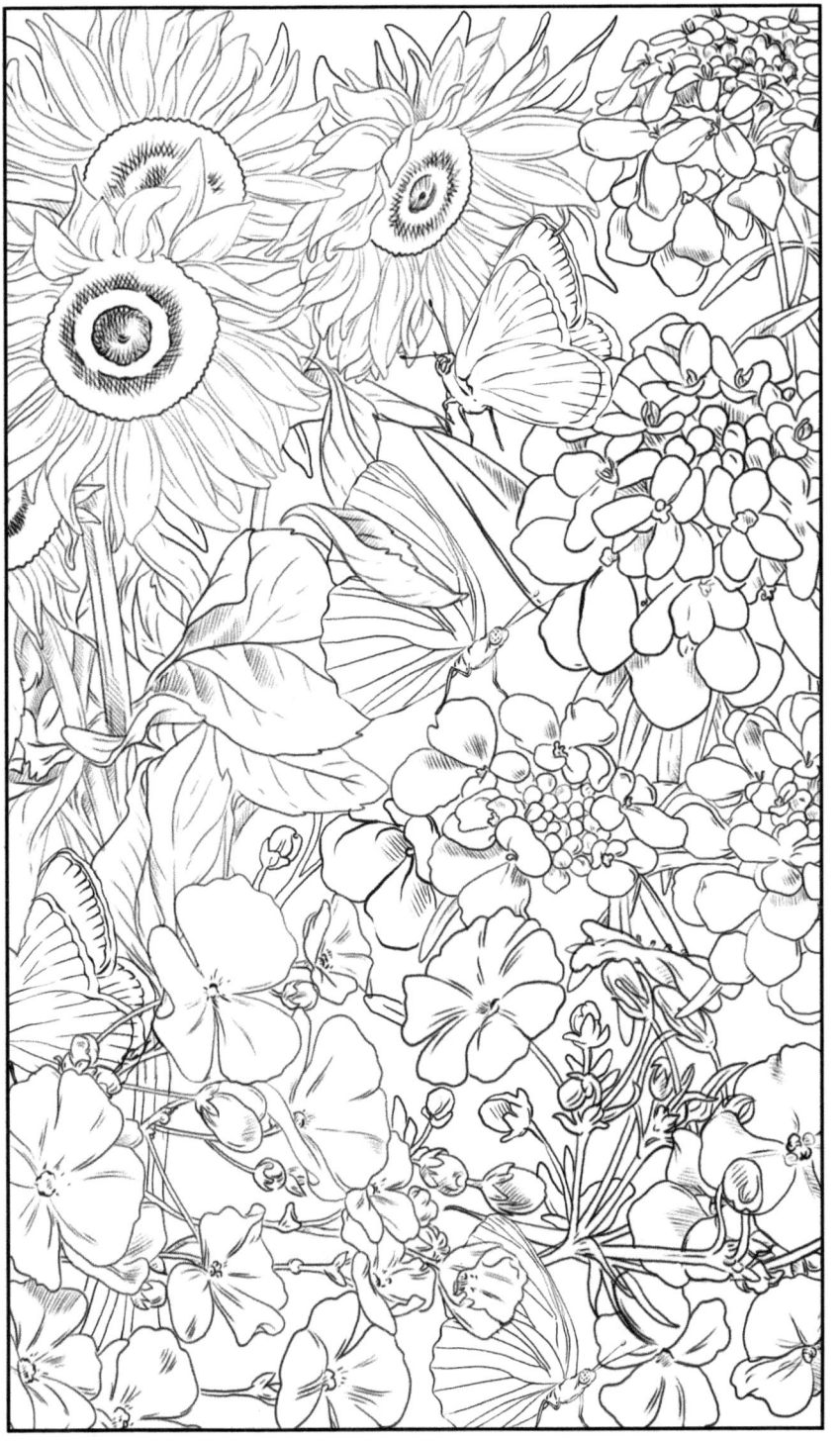

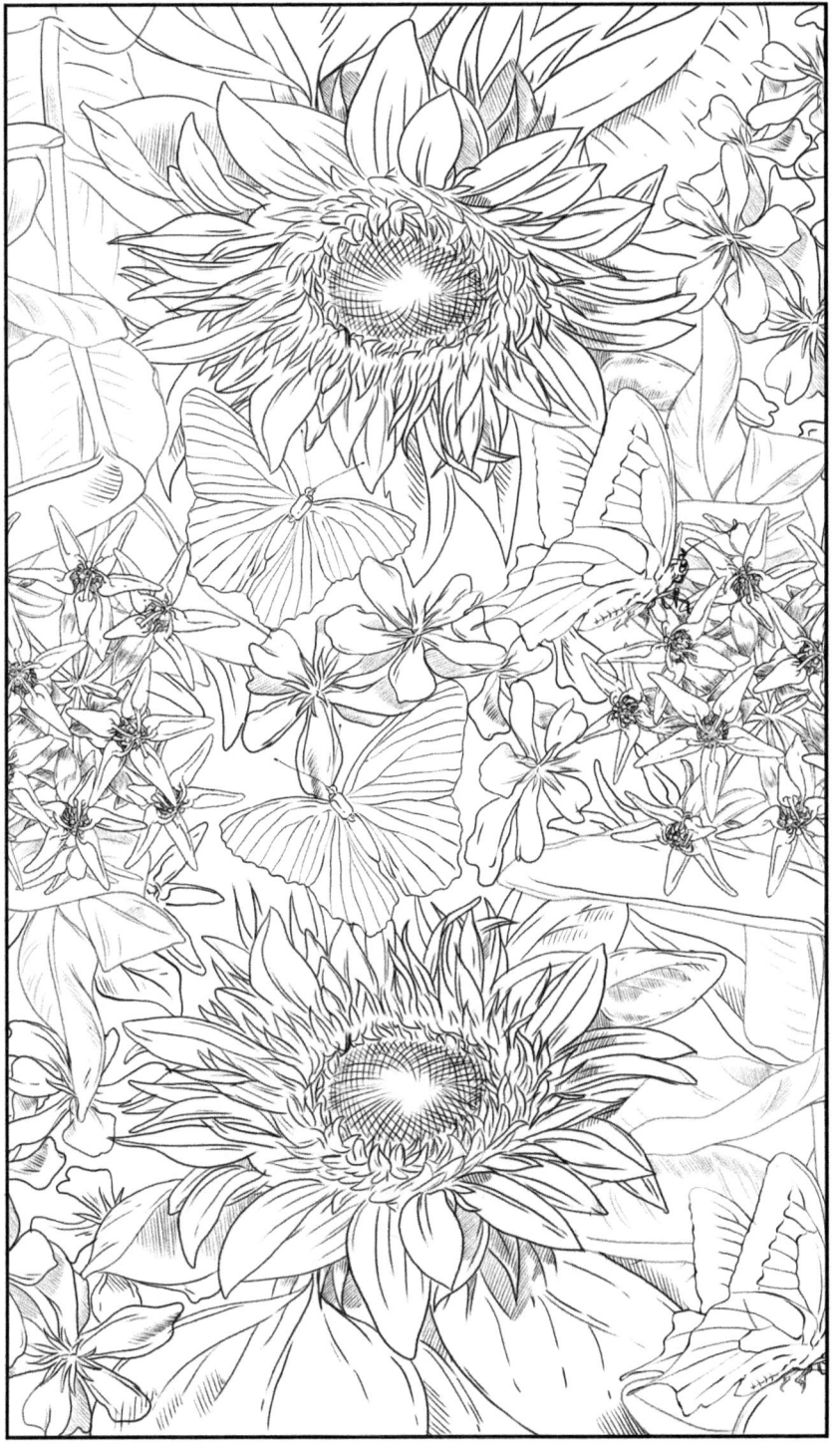

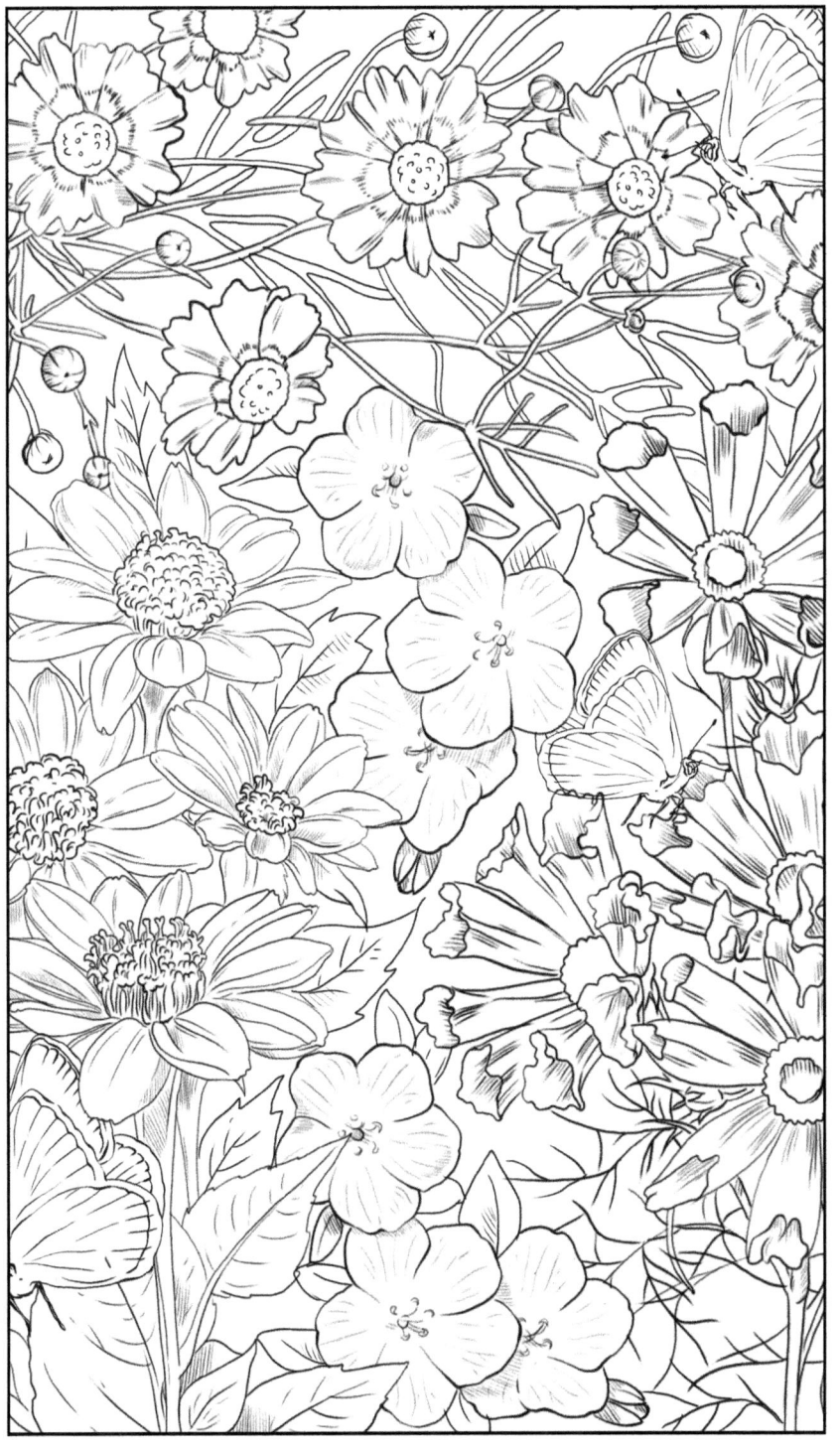

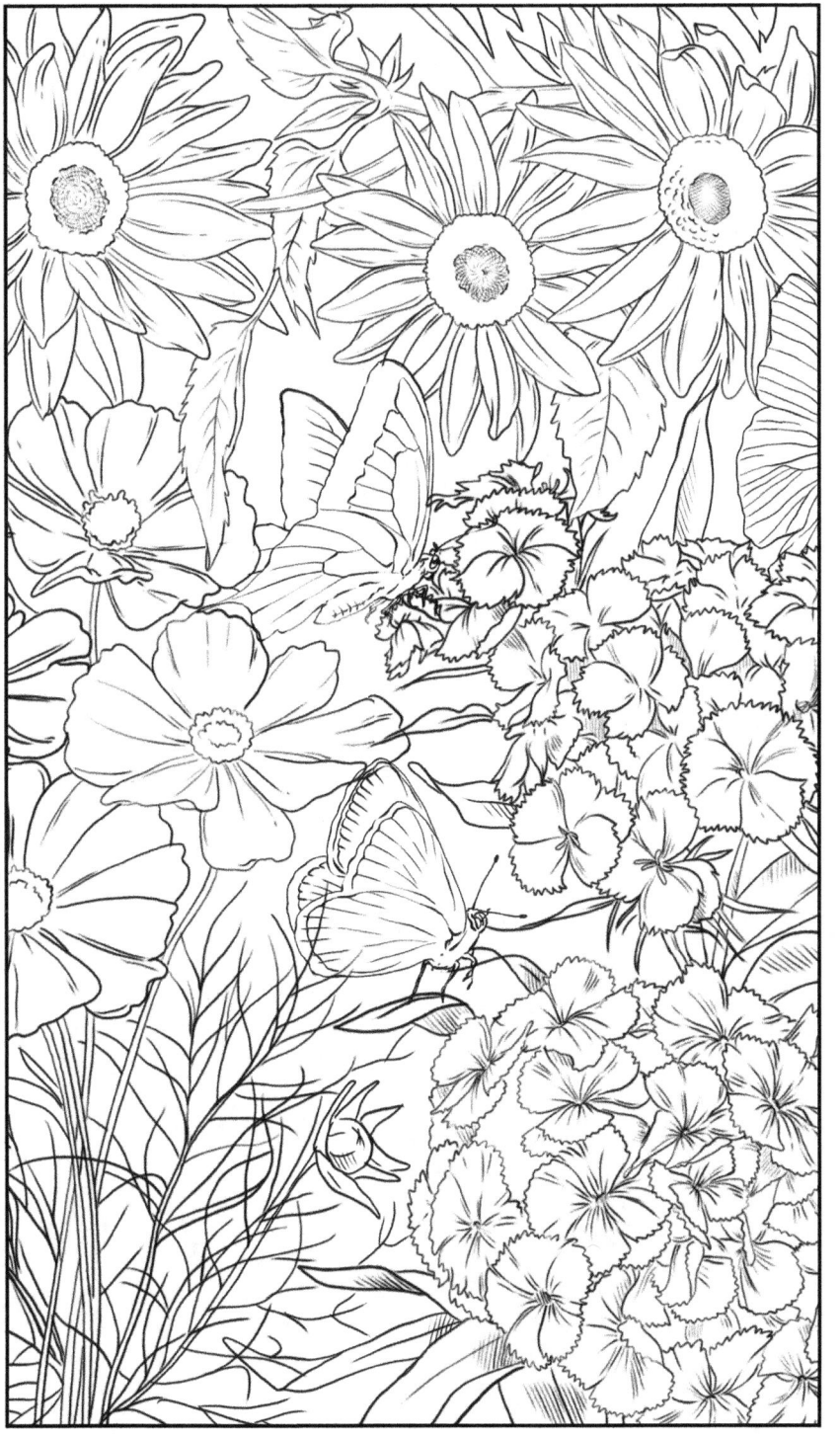